学车考证实战技巧与点拨

适用C证

北京木仓科技股份有限公司　编著

机械工业出版社

本书围绕《机动车驾驶人考试内容和方法》《机动车驾驶证申领和使用规定》《机动车驾驶培训教学与考试大纲》和公安部"放管服"改革新举措等，将法律、法规、安全驾驶知识、文明礼让精神融进驾考实战，着眼学车时的疑难点，重点讲解应考思路，有助于学员克服各种心理障碍，有效缓解紧张情绪，提升驾驶技能。

本书图文并茂、条理清晰，配合驾考宝典 App，适合报考 C 证的驾校学员阅读。

图书在版编目（CIP）数据

学车考证实战技巧与点拨：适用C证 / 北京木仓科技股份有限公司编著. —北京：机械工业出版社，2018.10（2025.5重印）

（学车考证速成精解系列）

ISBN 978-7-111-61359-6

Ⅰ.①学…　Ⅱ.①北…　Ⅲ.①汽车驾驶员–资格考试–自学参考资料　Ⅳ.①U471.3

中国版本图书馆CIP数据核字（2018）第259863号

机械工业出版社（北京市百万庄大街22号　邮政编码100037）
策划编辑：谢　元　责任编辑：谢　元
责任校对：张　力　责任印制：郜　敏
中煤（北京）印务有限公司印刷
2025年5月第1版第3次印刷
184mm×260mm·7.5印张·181千字
标准书号：ISBN 978-7-111-61359-6
定价：49.00元

凡购本书，如有缺页、倒页、脱页，由本社发行部调换
电话服务　　　　　　　　网络服务
服务咨询热线：010-88361066　机工官网：www.cmpbook.com
读者购书热线：010-68326294　机工官博：weibo.com/cmp1952
　　　　　　　010-88379203　金书网：www.golden-book.com
封面无防伪标均为盗版　　　教育服务网：www.cmpedu.com

前　言

在工作和生活节奏越来越快的现代社会，汽车已经成为人类最重要的道路交通工具之一。随着我国经济的持续快速发展，机动车保有量继续保持快速增长态势，但随之增长的还有车祸的数量。"车祸猛于虎"，一旦发生车祸，受到伤害的不仅仅是受害者、肇事者，还给双方家庭造成伤害，这方面的案例每天都有新闻报道。

作为一名机动车驾驶人，要始终遵守道路交通安全法律、法规，牢固树立交通安全意识，严防交通事故发生。对于驾驶人来讲，这既是责任，也是应尽的义务，必须有效地防范车祸的发生，减少因车祸导致的人员伤害和财产损失。每一个人都是道路交通的参与者，我们都要在严格遵守道路交通法律、法规的前提下，确保自身和他人的安全。衷心希望大家能够在本书的帮助下，掌握好驾驶技能，学好道路交通安全方面的常识，让自己成为合格、优秀的驾驶人。

本书由北京木仓科技股份有限公司编著，根据驾考宝典App大数据解析驾考科目理论易错试题和实操易错考点，针对交通信号、标志、标线、速度、酒驾、扣12分、交警手势和事故急救等易错知识点和扣分率最高的驾驶操作等，解析出错原因，讲述各科目考试实战技巧、应对方法并点拨思路，提前纠正学员存在的认知误区，防患于未然。

本书图文并茂，通俗易懂，提倡安全驾驶的文明理念，培养正确的驾驶习惯和反应能力，总结有大量顺口溜和口诀，朗朗上口，容易记忆，并从我国道路交通事故网络舆情热点和实习期学员经常犯的错误入手，提供应对策略，更有助于克服紧张情绪。通过学习本书，可了解驾考全流程和满分攻略，配合驾考宝典App中的考试题库和教学视频，能有效地通过考试并顺利度过实习期，高分高能，终生受益！

由于编者水平有限，书中难免会有不妥和疏漏之处，恳请广大读者批评指正。

编　者

目　录

前　言

第一章

驾考知识
基础篇

第一节　机动车驾驶证常识

一、驾驶证报考

年满18周岁以后，很多人都着急报考驾驶证，但是申领驾驶证也是有门槛的，如果你有下列这些情况，则无法考取驾驶证！

《机动车驾驶证申领和使用规定》第十二条规定，有下列情形之一的，不得申请机动车驾驶证：

1）有器质性心脏病、癫痫病、美尼尔氏症、眩晕症、癔病、震颤麻痹、精神病、痴呆以及影响肢体活动的神经系统疾病等妨碍安全驾驶疾病的。

2）三年内有吸食、注射毒品行为或者解除强制隔离戒毒措施未满三年，或者长期服用依赖性精神药品成瘾尚未戒除的。

3）造成交通事故后逃逸构成犯罪的。

4）申请人以欺骗、贿赂等不正当手段取得机动车驾驶证的。

5）醉酒驾驶营运机动车依法被吊销机动车驾驶证未满十年的。

除此这外，还有一种情况就是一年内不得再次申领机动车驾驶证，老司机们要注意了。

《机动车驾驶证申领和使用规定》第七十八条规定，隐瞒有关情况或者提供虚假材料申领机动车驾驶证的，申请人在一年内不得再次申领机动车驾驶证。申请人在考试过程中有贿赂、舞弊行为的，取消考试资格，已经通过考试的其他科目成绩无效，申请人在一年内不得再次申领机动车驾驶证。

身为驾驶人，我们不仅要对自己的安全负责，也要对道路上的其他人负责，在申请机动车驾驶证之前，一定要先看看是否满足这些限制条件！

二、驾驶证换证

C1驾驶证六年到期准备换证，都需要办理哪些手续？准备哪些东西？

首先，C1驾驶证是不需要年审的，但是有有效期！只要持证满六年且每个计分周期扣分均未达到12分，直接到车管所申请换领新驾驶证就行了。

可按如下流程办理。

1）准备两张白底彩色照片（2.5cm×3.5cm）和体检合格证明，其中的一张照片贴在体检表的右上方，另一张留着换新证用，所以提前拍一张好看的照片吧（换证准备的照片和体检合格证明最好在车管所办证大厅直接办理，两项各收费十元，否则自带的照片可能会不符合要求，还要重新拍照、体检，耽误时间）。

2）携带身份证、驾驶证到办证大厅，填写换证申请表，然后把证件和体检合格证明、换证申请表交给工作人员，缴纳十元工本费，就可以等着拿新证了。

3) 换证前，要先查一下有没有未处理的违法记录，有的话，要先处理掉，否则是不可以办理换证的。

4) 换证可以提前 90 天进行，合理安排时间，不要过期。过期没换证的，如果被交警查到，可就要面临 50 元罚款，但不扣分。

5) 换证一般是当场就办理完毕的，但一些城市可能需要几天时间，最多不能超过 15 天必须办理完毕，然后会通知你去领取新驾驶证。

驾驶证拿到手之后，就应该像保存身份证一样妥善保管起来。但有的车主比较粗心，常常出现驾驶证丢失的情况，驾驶证在丢失后如何进行补办呢？

可持身份证明、近期白底彩色照片（2.5cm×3.5cm），机动车驾驶证的书面声明（在车管所业务大厅填写），到就近辖区车管所办理补领（不需要挂失）。

> **注意：** 机动车驾驶证被依法扣押、扣留或者暂扣期间，机动车驾驶人不得申请补发。

> **注意：** 在驾驶证补办期间，千万不要开车上路！因为一旦你的驾驶证补办业务被受理后，由于时间关系，未能在当天拿到新的驾驶证，那么在拿到新驾驶证前的这段时间内是不能驾驶车辆的，否则将被视为无证驾驶！且开且珍惜，还是乖乖地等着新的驾驶证到手后再开车吧。

三、 驾驶证实习期

驾驶证实习期是指驾驶人第一次申领驾驶证之后的 12 个月。那么，在这期间有什么注意事项呢？

1. 应贴统一式样的实习标志

很多新手可能没把这个当回事，自我感觉良好，感觉拿了本就能在路上灵活自如地驾驶，认为贴实习标志会降低自己的地位，所以没有贴。其实这期间开车必须粘贴实习标志，若不贴将会被处以 20~200 元的罚款。

2. 不要独自上高速

有人误以为"实习期内是不可以上高速的"，其实这种认识是不对的！

实习期不能独自上高速，应当由持相应或者更高准驾车型驾驶证三年以上的"老司机"陪同，否则就会被罚款 200 元。

3. 实习期内怎么扣分？

如果被扣 1~11 分，交完罚款后在下一记分周期内自动清零恢复。

在实习期内要是违法被记 12 分或 12 分以上，就会直接注销准驾车型的驾驶资格。驾驶证一旦被注销，必须重新去报名学习、考试，重新领取驾驶证。

4. 不能驾驶与准驾车型不相符的车型

若驾驶不相符的车型就会被认定为无证驾驶，无证驾驶的处罚为：罚 200~2000 元，可拘留 15 天以下，驾驶证扣 12 分。

学员要看自己考的是什么类型的驾驶证，若是 C1，则轿车、SUV、MPV、小型客车以及小型货车、农用车都可以驾驶；若是 C2，则只能驾驶自动档的汽车！

5. 实习期满无须换证

实习期满后是不用换证、不用考试、不用办理任何手续的，已取得的驾驶证可以用到六年有效期满时再换证。

按驾驶证正本下方提示的有效期可提前 90 天到当地车辆管理所或各个区交通大队办理年审换证即可。

6. 换证常识

驾驶证换证时间是六年、十年、永久期限（该期间没有扣满 12 分）。实习期结束后，无须换证。

如果驾驶证丢失了，可以到驾驶证核发地申请补发。

7. 延长实习期

延长实习期只针对 B 证以上。

有人听说在实习期内驾驶证的记分达到 6 分，实习期就延长 12 个月，其实正常来说并没有延长实习期一年的说法。只有 A、B 证在实习期内被扣满 6 分，才会延长实习期。

第二节　交通信号

一、交通信号灯

1. 灯光题的简易记忆方法

科目一题目类型有很多，分类记忆不失为一个好方法，关于灯光题的理论知识点和技巧总结如下。

1）技巧总结：夜间前方有行人，用近光灯不会影响行人视线。

夜间、前方有行人的情况不能使用远光灯，会影响行人视线，所以应开启近光灯。

2）技巧总结：夜间超车的关键是要提醒前车，灯光变化要能引起前车注意。

机动车超车时，应当提前开启左转向灯、变换使用远近光灯或者鸣喇叭。夜间视线不佳，应该变换使用远近光灯提醒其他车辆。

3）技巧总结：只有在进入无照明、照明条件不良的情况下才能使用远光灯，一般都用近光灯。

《中华人民共和国道路交通安全法实施条例》（以下简称《实施条例》）第四十八条：在没有中心隔离设施或者没有中心线的道路上，夜间会车应当在距相对方向来车 150m 以外改用近光灯，在窄路、窄桥与非机动车会车时应当使用近光灯。

4）技巧总结：变更车道要提前开启转向灯，将意向告知其他车辆并留出安全距离，谨防亲密接触。只要有变化就要有示意，超车只能从左侧超，记得提前开启左转向灯；掉头只能向左转弯，向右就逆行了，所以也要提前开启左转向灯。

《**实施条例**》第五十七条规定：

机动车应当按照下列规定使用转向灯：

① 向左转弯、向左变更车道、准备超车、驶离停车地点或者掉头时，应当提前开启左转向灯。

② 向右转弯、向右变更车道、超车完毕驶回原车道、靠路边停车时，应当提前开启右转向灯。

5）技巧总结：雨雪雾、沙尘、冰雹等低能见度天气条件下，应开启前照灯、示廓灯和后位灯，有助于驾驶人瞭望前方情况，让其他车辆看到自己。

《**实施条例**》第五十八条：机动车在夜间没有路灯、照明不良或者遇有雾、雨、雪、沙尘、冰雹等低能见度情况下行驶时，应当开启前照灯、示廓灯和后位灯，但同方向行驶的后车与前车近距离行驶时，不得使用远光灯。机动车雾天行驶应当开启雾灯和危险警告闪光灯。

6）技巧总结：夜间通过无交通信号灯的路口，要交替使用远近光灯。

《**实施条例**》第五十九条：机动车在夜间通过急弯、坡路、拱桥、人行横道或者没有交通信号灯控制的路口时，应当交替使用远近光灯示意。

所有答案的前提都是文明驾驶、安全第一。按照这个方向思考，答案很容易选出来！

2. 灯光使用方法

汽车的灯光怎么使用，你都记全了吗？这是个很难掌握的问题吗？好像不是，也好像是。在不同的情况下灯光的使用规则是不同的，来看看都有哪些吧。

(1) 科目一考试技巧之灯光规则

1）左转向灯：向左转弯、向左变道、起步、驶离停车地点、掉头时。

2）右转向灯：向右转弯、向右变道、靠边停车时。

3）夜间路灯照明良好时开近光灯。

4）夜间无路灯照明时开远光灯。

5）雾天行驶时开雾灯和危险警告闪光灯。

6）进入环形路口不要开转向灯，出环形路口时开右转向灯。

7）夜间需要超车时应变换远近光灯。

8）夜间临时停车时开示廓灯、后尾灯。

(2) 车内指示灯

车内指示灯总共有 4 个类别：

1）安全性指示灯：驻车制动（驻车制动器操纵杆）指示灯、安全带指示灯、车门指示灯、燃油提示灯。

2）故障性指示灯：机油压力指示灯、冷却液指示灯。

3）功能性指示灯。

4）其他指示灯。

还有很多功能并不是所有车型都配备，此处不做重点介绍，但这几种灯都有一个特点：出现问题时几乎都呈现红色。

3. 交通信号灯易错解析

作为一名即将拿本的学员，当遇到交通信号灯类题型时，依然搞不清状况？

交通信号灯由红灯、绿灯和黄灯组成。红灯表示禁止通行，绿灯表示准许通行，黄灯表示慢行或警示。

《实施条例》将交通信号灯分为机动车信号灯、非机动车信号灯、人行横道信号灯、车道信号灯、方向指示信号灯、闪光警告信号灯、道路与铁路平面交叉道口信号灯。

下面给大家补一节"交通信号灯"课，都是大家比较容易出错的那些问题，希望各位引以为戒。

1）两侧车道都是红灯，都不可以通行，所以禁止车辆在两侧车道通行。

2）绿灯可通行，直行和右转是绿灯，所以允许直行或向右转弯。

3）黄灯闪烁提示车辆注意减速，警示驾驶人要注意瞭望，确认安全后缓慢通过。

4）《实施条例》第三十八条规定：

① 绿灯亮时，准许车辆通行，但转弯的车辆不得妨碍被放行的直行车辆、行人通行。

② 黄灯亮时，已越过停止线的车辆可以继续通行。

③ 红灯亮时，禁止车辆通行。

5）在铁道路口，红灯一亮，表示有火车驶来，此时绝对禁止通行，不得越过停止线。

二、 交通标志

1. 警告标志

警告标志是警告车辆、行人注意危险地点的标志。警告标志的颜色为黄底、黑边、黑图案，形状为等边三角形，顶角朝上。设置的位置与公路的计算行车时速有关。在农村山区公路，一般应设在距离危险地点 20~50m 的地方。

交叉路口（用于警告车辆驾驶人谨慎慢行，注意横向来车）

转弯（用于警告车辆驾驶人减速慢行）

上下坡（用于提醒车辆驾驶人小心驾驶）

变窄（用于警告车辆驾驶人注意前方车行道或者路面狭窄情况，遇到来车应予以减速避让）

窄桥（用于警告车辆驾驶人前方桥　　　　　双向交通（用于提醒行人注意会车）
面宽度变窄，应谨慎驾驶）

牲畜和野生动物（用于提醒车辆驾驶人注意慢行）　　信号灯（用于警告车辆驾驶人注意前方路
　　　　　　　　　　　　　　　　　　　　　　段设有信号灯，应依信号灯指示行车）

2. 禁令标志

禁令标志是禁止或者限制车辆、行人交通行为的标志。禁令标志的颜色为白底红圈、红杠黑图案、图案压杠。其中解除禁止超车、解除限制速度的标志为白底黑圈、黑杠黑图案、图案压杠，形状为圆形。让路标志为顶角向下的等边三角形。禁令标志一般应设在需要限制或禁止的地方，除禁止停车标志外均应设置在禁止路段的起终点和桥梁的两端。

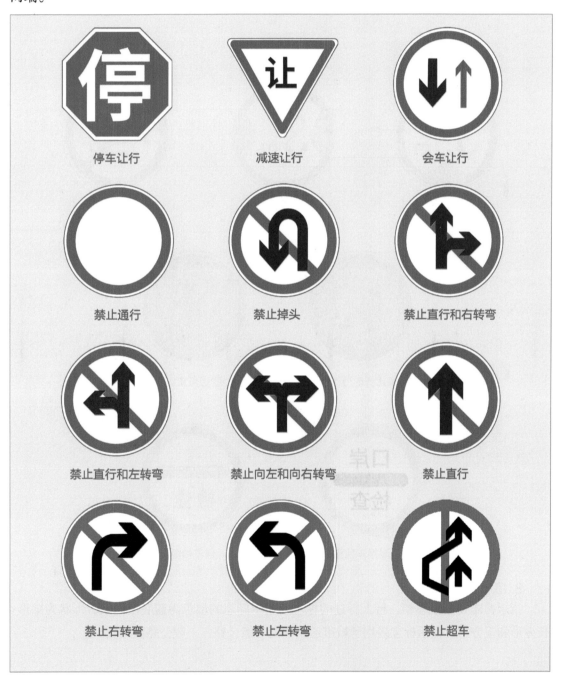

停车让行　　　　减速让行　　　　会车让行

禁止通行　　　　禁止掉头　　　　禁止直行和右转弯

禁止直行和左转弯　　禁止向左和向右转弯　　禁止直行

禁止右转弯　　　　禁止左转弯　　　　禁止超车

解除禁止超车　　　　限制速度　　　　解除限制速度

限制高度　　　　限制宽度　　　　禁止鸣喇叭

禁止长时停车　　　　禁止停车

口岸停车检查　　　　停车检查

3. 指示标志

指示标志是指示车辆、行人行进的标志。指示标志的颜色为蓝底白图案，形状为圆形、长方形和正方形。指示标志多用于城市道路和高等级公路，一般公路使用较少。

机动车行驶

靠左侧道路行驶

靠右侧道路行驶

向左和向右转弯

直行和向左转弯

直行和向右转弯

直行

向右转弯

向左转弯

硬路肩允许行驶

硬路肩允许行驶路段结束

环岛行驶

鸣喇叭

最低限速

步行

直行和右转合用车道　　　　直行车道　　　　公交线路专用车道

会车先行　　　　开车灯　　　　人行横道

4. 指路标志

指路标志是传递方向、地点、距离信息的标志。指路标志的颜色除里程碑、百米桩、公路界碑外，一般道路为蓝底白图案。形状除地点识别标志外，均为长方形和正方形。里程碑设在过道上时颜色为白底红字；设在省道上时为白底蓝字；设在县、乡道上时颜色一律为白底黑字。公路界碑的颜色不分道路性质，一律为白底黑字。在一般公路上常用的有地名、分界、指向等标志和里程碑、百米桩、公路界碑，地名标志设在城镇的边缘处；分界标志设在行政区划、管养路段的分界处；指向标志设在距离岔路口 20~50m 处。

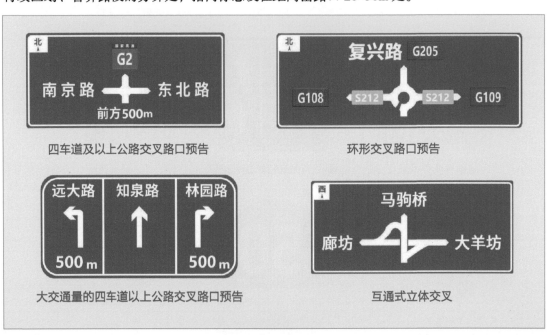

四车道及以上公路交叉路口预告　　　　环形交叉路口预告

大交通量的四车道以上公路交叉路口预告　　　　互通式立体交叉

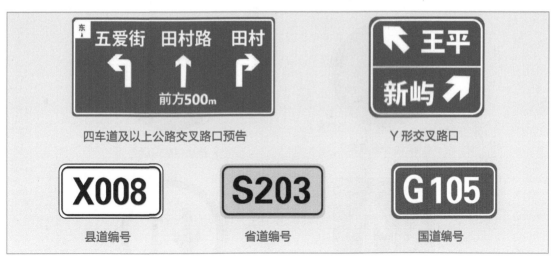

四车道及以上公路交叉路口预告　　　　Y形交叉路口

X008　　县道编号

S203　　省道编号

G 105　　国道编号

易混淆的交通标志示例：

注意儿童　　　　　　　　步行

停车让行　　　　　　　　减速让行

紧急停车带　　　　　　　错车道

禁止长时停车　　　　　　　　　　　　禁止停放车辆

会车先行　　　　　　　　　　　　会车让行

三、交通标线

日常行车，道路交通标线很容易被忽视，一不小心就会被扣分罚款！面对这些马路上的"地雷"，到底都有哪些道路交通标线需要学员谨记？

道路交通标线是由标画于路面上的各种线条、箭头、文字、图案、立面标记、突起路标和道路边线轮廓标等所构成的交通安全设施。

驾驶人应严格按照交通标线的相关规定来通行。它的作用是向道路使用者传递有关道路交通的规则、警告、指引等信息管制和引导交通。

道路交通标线分为以下三种。

1）指示标线：是指示车行道、行驶方向、路面边缘、人行横道等设施的标线。

2）禁止标线：是告示道路交通的通行、禁止、限制等特殊规定，车辆驾驶人和行人需严格遵守的标线。

3）警告标线：是促使车辆驾驶人和行人了解道路上的情况，提高警觉，准确防范，及时采取应变措施的标线。

易混淆标线图示如下：

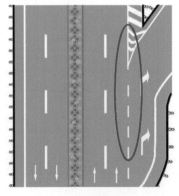

出口标线设置示例

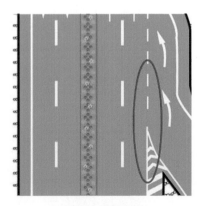

入口标线设置示例

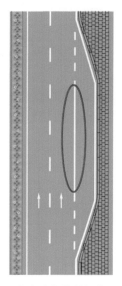

港湾式停靠站标线

公交车专用港湾式停靠站标线

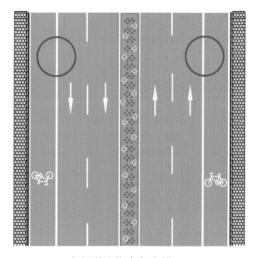

车行道边缘白色实线

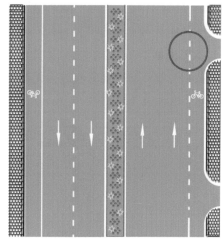

车行道边缘白色虚线

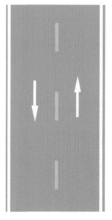

可跨越对向车道分界线

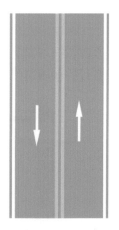

双黄实线（禁止跨越）

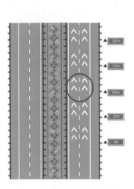

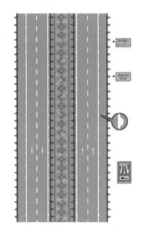

白色折线车距确认线 　　　　白色半圆状车距确认线

四、交通警察手势信号

交警手势图解信号共有八种，分别是：停止信号、直行信号、左转弯信号、左转弯待转信号、右转弯信号、变道信号、减速慢行信号、示意车辆靠边停车信号。

交警可以徒手或使用发光棒（或反光棒）做规定动作。

（1）停止信号

左手高举过肩，举手朝向前方，无其他动作时是停止信号。

示意：不准前方车辆通行。

（2）直行信号

右手方向和左手方向在一条线上，右手做动作朝左手的方向，直行信号。

示意：准许右方直行的车辆通行。

（3）左转弯信号

与交警右手相对的方向车辆停车等待，交警左手摆动，交警面向方向的车辆左转弯。

示意：准许车辆左转弯，在不妨碍被放车辆通行的情况下可以掉头。

（4）左转弯待转信号

交警面向哪个方向就是在指挥哪个方向的车辆，减速慢行是右手，左转弯待转是左手。

示意：准许左方左转弯的车辆进入路口，沿左转弯行驶方向靠近路口中心，等候左转弯信号。

（5）右转弯信号

交警面向哪个方向就是在指挥哪个方向的车辆，下图中的交警右手在摆动，交警面向方向的车辆右转弯。

　　示意：准许右方的车辆右转弯。

　　（6）变道信号

　　交警面向哪个方向就是在指挥哪个方向的车辆，右手向右轻轻摆动发出变道信号。

　　示意：车辆腾空指定的车道，减速慢行。

　　（7）减速慢行信号

　　交警右手臂由与肩平行状态下压至腰部位置，发出减速慢行信号。

示意：车辆减速慢行。

（8）车辆靠边停车信号

交通警察左臂向前上方平伸，掌心向前；右臂向前下方平伸，掌心向左；右臂向左水平摆动。

示意：车辆靠边停车。

看起来这么多，现在教你三招快速掌握科目四交警手势题！

1）巧记小妙招。

一看脸，二看手势，动哪个胳膊就是往哪边转弯。

脸对着哪边就是在指挥哪边。

哪只手摆动就是让你往哪个方向拐弯，手竖起是停车等待；手心向下是减速；单个手臂向哪个方向摆动，就是往哪个方向变道。

交警只要不是看着你的就是停车等待。看着你向你举手就是停车。两只手在左边就是左转，在右边就是右转。

2）死记硬背。

先尝试去理解性记忆，可以对着图自己动手多练练就能记住了。实在记不住，就只能多看题目死记硬背了，手势就八组，死记硬背很容易。

3）放平心态。

交警手势就一两道题，最多4分，别的过了就好了，考试时主要考的那几个手势都是很简单的，基本只有左转、右转和直行、停止。

第三节　安全行车与文明驾驶常识

一、行驶速度的规定

1.扣分率最高的速度题知识点汇总

要想顺利通过科目一，只能拿出参加高考的劲儿来看书、做题，没有其他选择！当然，由于题目较多，现在给大家分类整理出最易出错的速度题和知识点。

（1）速度规定

1）没有道路中心线的：城市 30km/h，公路 40km/h。

2）有道路中心线，同方向只有 1 条车道的：城市 50km/h，公路 70km/h。

3）有道路中心线，同方向有 2 条以上车道的：城市 60km/h，公路 90km/h。

4）非高速路行驶，遇恶劣天气，能见度在 50m 以内，最高时速不超过 30km/h；如果是高速路，题目中有"能见度小于 200m"，答案就选距离保持 100m，且最高车速 60km/h；看到"能见度小于 100m"就选"距离保持 50m"，且最高车速 40km/h；"能见度小于 50m"就选"20km/h"，并尽快驶离。

5）雨天时，纵向安全距离应为平时的 1.5 倍；冰雪天气条件下，纵向安全距离应为平时的 3 倍（都适用于高速公路和一般道路）。

6）紧急停车与雾天、雨天行车，还有牵引车时都要开危险警告闪光灯，另外雾天行车还要开近光灯。车速在 30km/h 以下时开近光灯，车速高于 30km/h 时要开远光灯。

7）机动车在驶入驶出非机动车道、通过铁路道口、急转弯、转弯、过窄路、过窄桥、掉头、下陡坡、牵引故障机动车，最高时速不准超过 30km/h。

（2）车道

1）高架桥：

① 第一条为快车道，车速为 70~80km/h。

② 第二条为慢车道，车速为 50~80km/h；低于 70km/h 改在慢车道上行驶。

2）高速公路：总体 60~120km/h，机动车在进入高速公路时，应在加速车道将车速提到 60km/h。

① 同向两车道：100~120、60~100。

② 同向三车道：110~120、90~100、60~100。

③ 同向四车道：110~120、90~120、80~100、60~80。

2. 易错速度题汇总

新规对于科目一题库进行了调整，面对一千多道题，学员们肯定发愁！

真有那么难吗？分类记忆效果更佳。现在帮你们总结一下吧！先来讲讲科目一中与车速有关的知识点。

与车速相关的题目：

1）道路上红圈白底的是限制最高速度，蓝色的是限制最低速度。（红高蓝低）

2）在没有任何标志的道路上，没有中心线，城市最高限速为 30km/h，公路为 40km/h。（无中线，城 3 公 4）

3）只有一条而且只有一个方向的道路，城市最高限速为 50km/h，公路最高限速为 70km/h。（同向一道，城 5 公 7）

4）当遇到一些异常天气，能见度在 50m 以内时，最高限速为 30km/h。（不能超过 30km/h，毕竟能见度低，还是开慢点安全）

5）当机动车进入非机动车道，过铁路、弯道、窄路、窄桥，下坡、掉头等，不能超过 30km/h。（其实类似的问题很多，都是选最低速度 30km/h）

6）在不正常的道路上行驶（冰雪或泥泞路面等），也是不能超过 30km/h。

7）高速公路上最低速度是 60km/h，当高速上只有两条车道时，左边那条车道最低速度为 100km/h。当高速上有三条车道时，最左为 110km/h，中间为 90km/h，最右为 60km/h。当道路上有四条车道时，最左边为 110km/h，中间两道都为 90km/h，最右边为 60km/h。

8）在高速公路上遇到特殊天气，能见度低于 200m 时，车速不得超过 60km/h，与前车车距保持 100m 以上。能见度低于 100m 时，不得超过 40km/h，车距为 50m 以上。当能见度低于 50m 时，限速 20km/h，而且要尽快驶离高速公路。

9）机动车在进入高速公路，应在加速车道将车速提到 60km/h。

10）高速的最高限速为 120km/h，最低为 60km/h。（所以一定不能超过 120km/h，也不能低于 60km/h）

二、 交通安全违法行为的处罚标准

1. 容易出错的酒驾题技巧归纳

酒驾题一直都是理论考试中最容易出错的一类题目，不少人都被那些罚款、记分、拘留等内容给难住了！下面就来看看怎么记忆这些难点吧。

（1）饮酒驾驶

饮酒驾驶机动车辆，罚款 1000~2000 元、记 12 分并暂扣驾驶证 6 个月；饮酒驾驶营运机动车，罚款 5000 元、记 12 分、处以 15 日以下拘留，并且 5 年内不得重新获得驾驶证。

（2）醉酒驾驶

醉酒驾驶机动车辆，吊销驾驶证，5 年内不得重新获取驾驶证，经过判决后处以拘役，并处罚金；醉酒驾驶营运机动车辆，吊销驾驶证，10 年内不得重新获取驾驶证，终生不得驾驶营运车辆，经过判决后处以拘役，并处罚金。

《道路交通安全法》第九十一条规定，饮酒后驾驶机动车的，处暂扣6个月机动车驾驶证，并处1000元以上2000元以下罚款。因饮酒后驾驶机动车被处罚，再次饮酒后驾驶机动车的，处10日以下拘留，并处1000元以上2000元以下罚款，吊销机动车驾驶证。

醉酒驾驶机动车的，由公安机关交通管理部门约束至酒醒，吊销机动车驾驶证，依法追究刑事责任，5年内不得重新取得机动车驾驶证。

饮酒后驾驶营运机动车的，处15日拘留，并处5000元罚款，吊销机动车驾驶证，5年内不得重新取得机动车驾驶证。

醉酒驾驶营运机动车的，由公安机关交通管理部门约束至酒醒，吊销机动车驾驶证，依法追究刑事责任；10年内不得重新取得机动车驾驶证，重新取得机动车驾驶证后，不得驾驶营运机动车。

饮酒后或者醉酒驾驶机动车发生重大交通事故，构成犯罪的，依法追究刑事责任，并由公安机关交通管理部门吊销机动车驾驶证，终生不得重新取得机动车驾驶证。

8种从重处罚情形：

1）造成交通事故且负事故全部或者主要责任，或者造成交通事故后逃逸，尚未构成其他犯罪的。

2）血液酒精含量达到200mg/100mL以上的。

3）在高速公路、城市快速路上驾驶的。

4）驾驶载有乘客的营运机动车的。

5）有严重超员、超载或者超速驾驶，无驾驶资格驾驶机动车，使用伪造或者变造的机动车牌证等严重违反道路交通安全法行为的。

6）逃避公安机关依法检查，或者拒绝、阻碍公安机关依法检查尚未构成其他犯罪的。

7）曾因酒后驾驶机动车受过行政处罚或者刑事追究的。

8）其他可以从重处罚的情形。

2. 这招助你再也不怕酒驾题型

禁止酒驾是驾校学习及考试的重点内容，实用性很强，与当下的交规紧密相连，因此学员们一旦开始学习科目一，就要熟练掌握此类试题。

给大家列举4道酒驾题，看看你能答对几道。

1）醉酒驾驶机动车在道路上行驶会受到什么处罚？

A.处2年以上徒刑　　　　　　　　B.处拘役，并处罚金

C.处2年以下徒刑　　　　　　　　D.处管制，并处罚金

答案：B

详解：《中华人民共和国刑法修正案（八）》第二十二条规定，在刑法第一百三十三条后增加一条，作为第一百三十三条之一，设定"危险驾驶罪"，将醉酒驾驶机动车、驾驶机动车追逐竞驶等交通违法行为纳入刑法调整范围。醉酒驾驶机动车将被处以一个月以上

六个月以下拘役，并处罚金。三年以下的刑罚理论上可以适用缓刑（缓刑还是实刑由法院判决）。醉酒驾驶机动车辆，吊销驾驶证，5 年内不得重新获取驾驶证，经过判决后处以拘役，并处罚金。所以本题答案是 B。

2）驾驶人在道路上醉酒驾驶机动车的，处 3 年以上有期徒刑。

A. 正确　　　　　　B. 错误

答案：B

详解：《道路交通安全法》第九十一条规定：

饮酒后驾驶机动车的，处暂扣六个月机动车驾驶证，并处 1000 元以上 2000 元以下罚款。因饮酒后驾驶机动车被处罚，再次饮酒后驾驶机动车的，处 10 日以下拘留，并处 1000 元以上 2000 元以下罚款，吊销机动车驾驶证。

醉酒驾驶机动车的，由公安机关交通管理部门约束至酒醒，吊销机动车驾驶证，依法追究刑事责任；5 年内不得重新取得机动车驾驶证。饮酒后驾驶营运机动车的，处 15 日拘留，并处 5000 元罚款，吊销机动车驾驶证，5 年内不得重新取得机动车驾驶证。

醉酒驾驶营运机动车的，由公安机关交通管理部门约束至酒醒，吊销机动车驾驶证，依法追究刑事责任；10 年内不得重新取得机动车驾驶证，重新取得机动车驾驶证后，不得驾驶营运机动车。饮酒后或者醉酒驾驶机动车发生重大交通事故，构成犯罪的，依法追究刑事责任，并由公安机关交通管理部门吊销机动车驾驶证，终生不得重新取得机动车驾驶证。

3）酒后驾驶发生重大交通事故被依法追究刑事责任的人不能申请机动车驾驶证。

A. 正确　　　　　　B. 错误

答案：A

详解：饮酒后或者醉酒驾驶机动车发生重大交通事故构成犯罪的，依法追究刑事责任，并由公安机关交通管理部门吊销机动车驾驶证，终生不得重新取得机动车驾驶证。

4）饮酒后驾驶机动车一次记几分？

A. 1 分　　　　　　B. 3 分　　　　　　C. 6 分　　　　　　D. 12 分

答案：D

3.“扣 12 分”类题型汇总

在科目一中有不少题目都是关于“扣分”的，做题时大家纷纷被这些题目搞晕了，分不清楚倒底应该是 1 分、3 分、6 分、9 分还是 12 分。

现在根据学员做题情况精心整理了 10 道容易让大家搞不清楚的题目，大家不妨自测一下吧。

1）使用其他机动车号牌、行驶证的一次记 9 分。

A. 正确　　　　　　B. 错误

答案：B

2）饮酒后驾驶机动车一次记几分？

A. 1 分　　　　　　B. 3 分　　　　　　C. 6 分　　　　　　D. 12 分

答案：D

3）有下列哪种违法行为的机动车驾驶人将被一次记 12 分？

A. 驾驶故意污损号牌的机动车上道路行驶的

B. 机动车驾驶证被暂扣期间驾驶机动车的

C. 使用伪造、变造机动车驾驶证的

D. 驾驶机动车不按照规定避让校车的

答案：C

4）造成交通事故后逃逸尚不构成犯罪的，一次记 12 分。

A. 正确　　　　　　B. 错误

答案：B

5）使用伪造、变造的机动车号牌，一次记 12 分。

A. 正确　　　　　　B. 错误

答案：A

6）驾驶机动车在高速公路上倒车、逆行、穿越中央分隔带掉头的，一次记 6 分。

A. 正确　　　　　　B. 错误

答案：B

7）载人超过核定人数 10% 以上的，一次记 12 分。

A. 正确　　　　　　B. 错误

答案：A

8）代替实际机动车驾驶人接受交通违法行为处罚和记分牟取经济利益的，一次记几分？

A. 12 分　　　　B. 6 分　　　　C. 3 分　　　　D. 1 分

答案：A

9）在高速公路上行驶超过规定时速 50% 以上的，一次记几分？

A. 1 分　　　　B. 3 分　　　　C. 6 分　　　　D. 12 分

答案：D

10）上道路行驶的机动车使用其他机动车号牌的，一次记几分？

A. 12 分　　　　B. 6 分　　　　C. 3 分　　　　D. 1 分

答案：A

下面看看一次记 12 分的违法行为到底都有哪些。

机动车驾驶人有下列违法行为之一的，一次记 12 分：

记分分值	交通违法行为记分项目
一次记 12 分	1）驾驶与准驾车型不符的机动车的。
	2）饮酒后驾驶机动车的。
	3）驾驶营运客车（不包括公共汽车）、校车载人超过核定人数 20% 以上的。
	4）造成交通事故后逃逸，尚不构成犯罪的。
	5）上道路行驶的机动车未悬挂机动车号牌的，或者故意遮挡、污损、不按规定安装机动车号牌的。
	6）使用伪造、变造的机动车号牌、行驶证、驾驶证、校车标牌或者使用其他机动车号牌、行驶证的。
	7）驾驶机动车在高速公路上倒车、逆行、穿越中央分隔带掉头的。

行车路况通行规定

人行横道线，俗称斑马线，是由一条一条的白色线组成，主要是用来保证行人安全穿越马路的交通标线。

《道路交通安全法》第四十七条规定，机动车行经人行横道时，应当减速行驶；遇行人正在通过人行横道，应当停车让行。机动车行经没有交通信号的道路时，遇行人横过道路，应当避让。

所以说，当驾驶人驾车进入路面有施画人行横道线的，应观察前后左右的交通情况，适时减速慢行，遇到行人或推行非机动车通过人行横道的，应停车让行。

2017 年 10 月新规实施起，"文明礼让"再次被列入驾驶人培训重点，所以刚刚入门的科目一学员们，做好"人行横道"类题型很重要。

以下为"人行横道"类部分相关题目，大家试试看。

1）驾驶车辆通过人行横道线时，应怎样行驶？

A.注意礼让行人　　B.加速通过　　　　C.连续鸣喇叭　　　　D.绕过行人快速通过

答案：A

详解：文明驾驶，礼貌让行。

2）人行横道上禁止掉头的原因是避免妨碍行人正常通行。

A. 正确　　　　　　B. 错误

答案：A

详解：在人行横道上掉头，很有可能撞到行人，非常不安全。

3）如下图所示，接近人行横道线时，除了提前减速观察外，还需要做什么？

A.占道行驶　　　　　B.注意避让行人　　　C.随时准备停车　　　D.抢先加速通过

答案：B、C

详解：抢先加速通过、占道行驶是危险的行为，除此之外的选项都是安全的做法。

4）驾驶机动车遇到这种情况应主动减速让行。

A. 正确　　　　　　　B. 错误

答案：A

详解：前方有行人和非机动车横穿马路，为了安全，应减速让行，必要时停车让行。

5）遇到这种情形时，可从行人后方绕行。

A. 正确　　　　　　　B. 错误

答案：B

详解：通过人行横道时要减速慢行，遇行人则应停车让行。

四、行车中常见紧急情况的处置

很多学员都觉得科目四比科目一难很多，考一遍过不了。其实很多相似题考查的都是同一个知识点，比如说自救这方面，只要心里记住了正确的做法，做题就不在话下。

下面给大家总结了自救方面容易出错的 6 处知识点。

1. 制动失灵

遇到这种情况时，不要惊慌，先松开加速踏板，然后换低档，接着使用驻车制动器并打开危险警告闪光灯，将车驶离主车道停靠路边。如果车速无法控制，可冲撞路边的护栏减速器，但切记避免侧面碰撞。

2. 爆胎

对于爆胎应分两种情况来看，其一是前胎爆裂，此时应轻踩制动踏板，紧握转向盘，避免车头承受太大力量。其二是后胎爆裂，遇到这种情况时应当反复踩踏制动踏板，紧握转向盘，使汽车保持直线行驶，重心前移，减轻后胎所承受的力量。

因此在爆胎时，一定要了解清楚是哪里出了问题，以免紧急处理不当而造成更大的伤害。

3. 在高速公路上发生故障

首先应立即开启危险警告闪光灯，再将机动车移至不妨碍交通的地方停放。若汽车难以移动，应持续开启危险警告闪光灯。夜间还应同时开启示廓灯和后位灯，并在故障车来车方向 150m 以外设置警告标志，车上人员应迅速转移到应急车道内，并迅速报警。

4. 翻车或坠车

伏低身体，绷紧肌肉，重点保护头和心脏部位。抓住车内固定物，随车翻转。

5. 车辆落水

在车身沉没前，摇下或砸碎车窗玻璃逃出。如果车辆已经沉没，要等车内水位不断上升时，打开车门或从车窗游出。

6. 事故现场急救

现场救护的基本顺序是：先呼救，再抢救；先抢救人员，后抢救财物。遇伤员被挤压夹嵌在事故车辆内时，不要生拉硬拖，应用机械拉开或切开车辆再救出伤员。

一个考点往往可以变换成很多种题目，但只要记住这些，任题目千变万化都能做对题目。

第二章

机动车驾驶
科目一
考试

第一节 科目一考试内容及考试流程

一、考试内容

1）驾驶证和机动车管理规定占 20%。

2）道路通行条件及通行规定占 25%。

3）道路交通安全违法行为及处罚占 25%。

4）道路交通事故处理相关规定占 10%。

5）机动车基础知识占 10%。

6）地方性法规占 10%。

二、科目一考试流程

科目一如何有效利用时间？如何提高复习效率？考试时又有哪些注意事项呢？

科目一考试时间为 45min。

首先，科目一题库一定要仔仔细细地做上几遍，并且记住它们。

其次，考试时要注意：

1）进入考场前，需把手机调成关机状态，或者不要携带手机，进入考场后找到分配的相应电脑编号，核对电脑屏幕上的个人信息。

2）学员在考试前，先进行指纹录入考试系统，进入考场后先在显示屏上输入学员的身份证号码，指纹录入成功后，点击"开始考试"进入考试界面。

3）进入考试界面后，学员要注意调节摄像头角度对准自己，将自己头像置于屏幕左上角显示的相框正中位置后，再开始答题。摄像头会不定时抓拍头像，需要坐姿端正。

4）开考后应坐在自己的位置上，不要东张西望、交头接耳；如果在考试过程中遇到问题，不得出声，可举手向考试工作人员示意。

5）答题结束后，点"交卷"，界面上立即显示考试的分数，再点击"确认交卷"方可离开考场。

6）点击"确认交卷"后，如果成绩低于 90 分，别放弃！你还有一次重新考试的机会！一定要好好把握，因为如果这两次考试都没及格，那么你就只能参加下次补考了。

第二节 科目一考试合格标准

科目考试一满分 100 分，90 分合格，总共 100 题，1 题 1 分，题型分为单选题和判断题。

第三节 科目一考试技巧及注意事项

一、考试技巧

1. 没做这些导致你新规科目一一直不及格

无论新规还是旧规,理论考试的过关技巧都是一样的。

科目一之所以一直考不过,其根本原因就是死记硬背,没有将知识灵活运用。

想要轻松应对1000多道考题,那么就要记住以下四点。

(1) 剔除题目

所谓剔除题目,就是把不需要背的题目剔除学习,以 C1 考试为例,要把题目全部背熟非常难,因为绝大部分题目是一些最基本的常识,一看就知道答案的,基本不用背。因此应该从背记名录中剔除。

剔除完题目后,一般还有 350~400 题需要背下来,可以把需要背记的题目在驾考宝典App 中收藏起来,以方便查找。

(2) 归类题目

就是把相同的题目归类到一起,整体记忆。理论考试中最难记的是罚款数目和处罚种类,把这些内容归类记忆是个好方法。

罚款基本上分三类:20~200 元、200~1000 元或 2000 元三个档次,处罚也基本上是 3 年以下、3~7 年或 7~15 年三个档次,高速公路的行车速度也基本是 60km/h 以上、90km/h 以上、110km/h 以上三个速度,一般违法也基本上是扣车、扣驾驶证、拘留三个档次。

(3) 对比题目

对比题目,主要是一些比较相像的图形,比如交警手势、交通标志、路面标线等,很多图标都让学员们分不清楚,答题时更是一团糟。这些题目是很容易混淆的,把这些题目进行对比背记,进行区别,在考试时不容易出错。

(4) 理解题目

理解题目不用多说,就是理解记忆,只有理解了题目才能增强记忆。

其实遇到的很多题目都是可以结合日常生活进行联想答题的,主要可以应对判断题,往往只知道是对或错,但不知道为什么对、为什么错,这时要理解。

2. 节省学习时间的科目一考试满分技巧汇总

科目一是理论考试,也是学员入门的第一堂考试,那么都有什么考试技巧可以借鉴呢?

(1) 考前基础:掌握电脑操作的基本方法

科目一考试是在电脑上进行的,所以在考试前一定要懂得电脑操作的基本方法,最起码要熟悉鼠标的移动、点击等操作。

这对年轻人来讲是没有什么问题的,而对于一些不懂电脑使用的年长学员却是有一定难度的,所以需要提前熟悉电脑操作。

（2）考前冲刺：全面复习基础牢

科目一考试内容很广泛，所以学员在学习时要进行全面复习才行。

有学员在看书之前通过模拟软件做过几套模拟题，发现多数题目都是自己在行的，只有少数题目不熟悉，便自认为大部分题目自己都已经掌握了，一定就能通过，就大胆地去报名考试了，结果却……

科目一的考试题目是随机抽选组套的，所有题目都有可能会考到，如果仅做几套模拟题，就不容易通过考试。这么重要的事情可不要存有侥幸心理，不然你就得再考一次了。一定要多看、多练，全面复习。

（3）考中原则：禁止抄袭和作弊

首先，科目一考试是有电子监考系统进行监督的；其次，每个人的题目都是随机抽取的，所以想要"抄答案"是绝对不可能的。

再有，有些学员掌握得已经不错了，但由于缺乏信心导致自己担心通不过，便投机取巧想着"靠别人"，结果非但没"靠上"，却把自己给砸进去了。

科目一是考驾驶证的基础，即使这次作弊成功了，但等上路后什么都不懂，怎么开车？

提醒大家：在科目一考试作弊被抓到，将会受到一年内没法继续考驾驶证的处罚，所以大家一定不要存在侥幸心理。

3. 科目一考试攻略

其实想要考好科目一并不难。有的人之所以科目一没有考过，应该是方法不对，方法不对，考多少次也不能通过。

下面就分享六个方法，帮助大家科目一拿到满分。

（1）多做模拟考试题

你可能觉得科目一的题目太多，从里边挑着做几道就好了。这种方法是不对的！因为科目一要考的知识点有很多，如果不能举一反三地记住这些题目，你依然会做错，因此一定要多做考题，还有多做练习题。

（2）反复练习错题

错题肯定就是你最不容易记住的地方了，要学会结合实际去理解，例如：认识交通标志并且知道其中的含义。

（3）实地考察记忆

如果有空闲时间，可以实地观察交通标志和交通手势。这样学习记忆得比较快。

（4）要多做考前冲刺题

给自己制订一个训练计划，这样有助于让你通过考试。

（5）考前保持良好状态

考试前一天必须要保持一个良好的睡眠状态，不能熬夜。

（6）提前签到

如果第二天考试，需要提前半个小时去签到，不能迟到。考前需要对号入座，考完签字以后方可离开。

只要能做到以上六点，基本上就没问题啦！

二、注意事项

科目一考试作为驾驶证考试的第一个科目，能不能树立日后学车的信心，关键就看科目一考得好不好。

那么现在就看看有哪些事项是不能被忽视的。

（1）尽量提早抵达考场

考前尽量提早半小时左右，毕竟第一次参加科目一考试，驾校的领队会给大家发准考证并详细地讲解考试的技巧以及其他注意事项。

（2）身份证、准考证一个都不能少

学员需要持本人身份证和准考证进入考场。

（3）考官未说话勿动鼠标

找到自己位置坐好后，在考官说开始答题以后才开始动鼠标。在答题过程中，注意观察屏幕的左上角会有自己的视频头像，一定要保证在答题的整个过程中自己的头像要完整地显示在左上角的框里。因为答卷和自己的视频头像会一起上传，如果头像不正，成绩可能会无效。

（4）保持好心态

在科目一考试过程中，如果答错题，会直接弹出提示框告诉你正确答案。也就是说，答错10道题考试就不能通过了。在这种情况下，一定要调整好心态，在出现答错题的情况下不要有心理压力。

（5）小心易混淆题目

大家在做模拟题时，会发现有好多"咬文嚼字"的题目，"左转"或"右转"、"可以"或"不可以"等，这种扫一眼非常相近的命题就像脑筋急转弯一样让人头疼，在考试中一定要认真仔细。

另外，学员们要注意，在做题时不要死记硬背，联系生活实际思考，别因为某道题没见过而紧张。其实只要用心做，科目一很简单。

第三章

机动车驾驶
科目二
考试

第一节　科目二考试项目及合格标准

一、考试项目

科目二，又称小路考，是机动车驾驶证考核的一部分，是场地驾驶技能考试科目的简称，小车 C1、C2 考试项目包括倒车入库、侧方停车、坡道定点停车和起步、直角转弯、曲线行驶（俗称 S 弯），五项必考。

实用技巧如下。

（1）倒车入库

一般教练先让你练倒车入库，分为左右两部分入库，当你练习得差不多了就是考场内路面练习。重要的是倒车入库摆车位时车前轮必须过线再倒车，左倒库还必须两前轮出线，这是新规中规定的。

（2）半坡起步

半坡起步就是停车以后拉起驻车制动器操纵杆，踩下离合器踏板，然后慢抬至车头抖动，驻车制动器操纵杆完全放下，直接走车，简单快捷。

不过有一个弊端就是可能考试车辆怠速低或离合器踏板松得太快容易熄火，而且一旦熄火，时间可能不够，30s 你要重新起动换档是不够的，因为起动必须回空档。

（3）曲线行驶

车身进入 S 弯后，用发动机舱盖上的左线对准 S 弯的右边缘线，一直轧线走，慢慢修正，等到转向盘打到一圈加 90° 时，保持转向盘不动，左拐弯自然就过去了。

直角转弯、侧方停车都比较简单，就不一一讲解了。关键是科目二全程不要快，慢点有微调的空间，防止轧线、出线等错误。

下面重点讲新规（2017 年 10 月 1 日开始实施）。

1）转向灯：转向灯只有直角转弯和侧方停车，直角转弯必须在车辆即将进入前开启，等语音播报完毕后关闭，千万不要等车自动恢复，否则扣 10 分；侧方停车就是在出来时开启左转灯就好了。

2）时间限制：新规要求侧方停车 90s 内完成，倒车入库 2min30s 内做完，根据几个月以来学员的通过率来看，在时间限制上"跌倒"的学员并不是很多，所以如果平时练得到位，一把就过是绰绰有余的。

二、合格标准

科目二考试满分 100 分，80 分合格。

第二节　倒车入库操作技巧及评判标准

一、操作技巧

1. 新规倒车入库教学流程

新规的实施让原本就难倒众学员的科目二倒车入库再次成为大家关注的热点，那么如何做才能确保倒车入库顺利通过呢?

（1）右倒库操作步骤

1）换1档，低速进入考试区，至考试起始点，当肩线与黄色虚线重合时，停车。

2）换倒档，低速行驶，当左后视镜刚好盖过黄色虚线时，转向盘迅速向右打满。

当左后视镜刚好盖过黄色虚线时

3）看右后视镜中，车身与库区左前角线距离，做调整轮入库，当大于 30cm 时，向右打轮。

小于 30cm 时，向左打轮。

当车身与库区线平行时，迅速将转向盘向左回正。

看后视镜刚好盖过库区左前方横线，停车。

（2）左倒库操作步骤

1）换1档，出库，车身与七米线重合时，向左打满，至考试起始点。车头盖过七米线，停车。

2）换倒档，低速行驶，看左后视镜中，车身与库区左前角线距离，做调整轮入库，当大于30cm时，向左打轮。

小于 30cm 时，向右打轮。

3）当车身与库区线平行时，迅速将转向盘向右回正。

看左后视镜刚好盖过库区左前方横线停车。

4）右出库参考左出库方式，驶出考试区域，倒车入库项目完成。

> **新规注意事项：**
> 1）新规增加限时要求，倒车入库全程限时 210s 内完成，否则成绩不合格。
> 2）考生考试途中可以停车，每次停车扣 5 分。

从最近的考试通过率来看，倒车入库的难度增加得不算大，只要你勤加训练，都是可以满分通过的！

2. 这么做倒车入库 210s 完成

科目二考试最关键的、难度最大的就是倒车入库，再加上新规中提到的限时 210s 完成，更是击碎了不少学员们脆弱的小心脏。

新规中关于"倒车入库"到底修改了哪些内容呢？

> **修改前：**
> 考试过程中，车辆进退途中不得停车。从道路一端控制线（车身压控制线）倒入车库停车，再前进出库向另一端驶过控制线后倒入车库停车。
> **修改后：**
> 从道路一端控制线（两个前轮触地点在控制线以外）倒入车库停车，再前进出库向另一端驶过控制线行驶，待两个前轮触地点均驶过控制线后，倒入车库停车，前进驶出车库，回到起始点。考试过程中，车辆进退途中不得停车，项目完成时间不得超过 210s。

其实想要在 210s 内完成，只需做好这四步。

1）车辆进入倒车入库后，停车时离左侧线（一线）不能小于 1.2m，否则倒库时第一把方向右打死保险杠容易轧一线。

2）右打死以后观察右库角与车身的距离，大于 30cm 或感觉可以倒入库，方向保持不动，车身与库线平行以后方向回正（如果小于 30cm，方向回正，待右后轮快要进入右侧库角再次向右打死，车身与库线平行方向回正）。

3）从右侧倒车入库以后，准备往左边开出时，如果左侧车身小于等于 20cm（库边线是 15cm），出去以后转向盘向左打死。

不用回方向（当然个别车型例如比亚迪，依然需要回方向，具体需要按照教练的方法操作）。

4）一旦左侧库线大于20cm，必须打死以后回一点方向。

如果你的右侧车身离库线很近，适当多回一点。

只要按教练教你的方法去完成，心细一点，胆大一点，不要前怕狼后怕虎，想要一把过也不是不可能的！

3. 倒车入库的五个大忌

倒车入库作为科目二中的一项，一直是学员们内心的一块伤疤，提起纷纷怨声载道，痛苦不堪，实际上，掌握了倒车入库的一些注意事项后，顺利通过很简单。

（1）车身不正就开考

考科目二时都是一个接一个地考，时间紧，任务重，考官也会一直催，有时候你上车还没做好准备就已经开始考试了。此时如一紧张连车身都没摆好就直接进去，极有可能因为车身出线而失败。

> 车身出线的，不合格。
>
> 倒库不入的，不合格。
>
> 在倒车前，未将两个前轮触地点均驶过控制线的，不合格。

相信车身不正这种情况在日常训练中你也遇到过，这就需要大家回忆起如何调正车身，学会通过看后视镜判断车身位置。

（2）过度紧张

有的学员一上到考场就开始紧张，甚至手脚发抖，如果调整不好心态，就会对考试产生极大影响。

人紧张往往就会漏掉一些细节问题，这时候就是考察你心理素质的时候了，无论身边有多少不良因素在影响你，你也应该静下心来，按照平时训练的操作一步一步来。

（3）后视镜没调整

有的学员认为后视镜根本不用调整，反正上一个人调过了，应该就是可以用的。实际上由于每个人的身高、坐姿不同，看的点位是不一样的，所以要根据自己的需求去调后视镜，否则就可能轧线或轧库角。

点位对于倒车入库是十分重要的，在调整后视镜时，可以通过看到轮胎和后门把手来调整，因为要观察地面的标线，确定车身与边线的距离。具体操作方法可以根据自己教练平日所教的方法进行。

（4）不熟悉考试车

平时练车很顺手，一到考试就掉链子，问题可能出在不熟悉考试车上。由于考试车和平时练习用的车不一样，所以一些考生考试时一上车就懵了，对考试车离合器踏板的掌握不熟悉，容易熄火，情绪也会受到影响。

这也不用怕，日常练习时最好多换车，养成不论什么车都能顺利操作的习惯；考试时在刚刚上车后，不妨先试试踩一下离合器踏板，记住每个部件的位置。

（5）技术不娴熟

如果连技术都不过关就参加考试，其实是对自己不负责的表现。克服难点，先要多练习、多实践，再进行总结，关键就在细节上！

这不能靠别人，只能是多练习！

倒车入库注意好这五点后，你就可以预约考科目二了，不要浪费每一次机会！

4. 倒库偏移的拯救办法

情境一：转向盘打早时

修正方法：

1）控制车速，回半圈后观察右后轮（此时汽车转弯半径变大，车身开始偏左移动）。

2）车身快要正时，把转向盘回正，看后视镜，可以稍微修正。

情境二：转向盘打晚时

修正方法：

1）车身与标线平齐后，转向盘不要马上回正，让汽车继续往右走一点距离，此时要学会预判，不要让车头扫线。

2）如果空间过窄，就不要修正，车身正了之后，直接回正车轮，正常入库，等到出库时也要尽量走直。

情境三：入库才发现歪斜

1）车尾向右倾斜，此时应向左修方向，修方向以一刻钟为宜，幅度不要过大，车身正后立刻回正。

2）反之亦然。

3）如果车身是正的，但有边距一侧过宽，此时可向宽的一侧修方向，让车身压一点距离再回正。

注意：　在科目二倒车入库时，要坚持"打早不打晚"的原则，因为修正的空间本身就在库内的狭窄区域，余地不大，以防止在修正时出现困难。

二、　评判标准

1）不按规定路线顺序行驶，不合格。

2）车身出线，不合格。

3）倒库不入，不合格。

4）时间超过 210s，不合格。

5）在倒车前，未将两个前轮触地点均驶过控制线，不合格。

6）中途停车超过 2s，扣 5 分。

第三节　侧方停车操作技巧及评判标准

一、操作技巧

　　侧方停车新规后有何不同？何时转向？怎样在 90s 内完成操作？作为科目二的必考项目之一，侧方停车的成功与否直接关系到科目二成绩，到底应该如何操作才能做到完美不扣分呢？操作步骤如下。

1）换 1 档，低速进入考试区域，右侧距离边缘线 30~50cm。

2）换倒档，看右后视镜，当库区左前角线消失时，转向盘向右打满。

3）看左后视镜，当车边条刚接触黄色虚线时，向左回轮 1.5 圈，即回正车轮。

当车轮接触黄色虚线时，转向盘向左打满。

4）看左后视镜，车边条与黄线平行，车正后停车。此时车身已完全入库。

5）出库，换1档，打开左转向灯，看前方发动机舱盖接触路边缘线，转向盘向右回正，当前方发动机舱盖中心点与路边缘线呈交叉形，转向盘向右打一圈，车正后回轮驶出考试区域。

新规注意事项：

1）新规增加限时要求，侧方停车全程限时 90s 内完成，否则成绩不合格。

2）考生考试中途可以停车，每次停车扣5分。虽然中途停车由原来的不合格改为扣5分，但是还是建议学员们尽量不要停车，毕竟现在增加了时间限制，如果操作过程中出现中途停车，那么再次起动时就会增加学员的紧迫感。

3）行驶中车身碰触库位边线，每次扣10分。

4）侧方位停车主要掌握两点：一是调整好后视镜，二是打好转向盘。

5）与库平行时注意车身距离，不要轧线，出库注意不要轧库角。

其实这样看来，侧方位停车并没有改变太多内容，学员只要平时多加练习，想要顺利考过是没问题的。

二、 评判标准

1）车辆入库停止后车身出线，不合格。

2）项目完成时间超过 90s，不合格。

3）行驶中车轮触轧车道边线，扣 10 分。

4）行驶中车身触碰库位边线，扣 10 分。

5）出库时不使用转向灯 3s 以上或不使用转向灯，扣 10 分。

6）中途停车时间超过 2s，扣 5 分。

第四节　坡道定点停车和起步操作技巧及评判标准

一、操作技巧

1. 新规坡道定点停车难点详解

坡道定点停车既是科目二中的必考项目之一，也是我们经常在日常生活中用到的操作，所以学好这一项对驾驶人来说真的很重要。

> **要点：**
>
> 1）首先保持最舒适的驾驶位置与姿势！这是非常重要的，因为要找观察点，位置前后高低及驾驶观察姿势力求保持每次一致。
>
> 2）把车停到标准位置，争取前后左右都在最标准的满分位置，必须下车确认，然后回到车上观察，注意驾驶姿势。

> **看点：**
>
> 定点停车有标杆观察点：眼睛与标杆两点一线在工作台上形成一个交叉点，把这个点记住（车辆行至三点一线停车）。

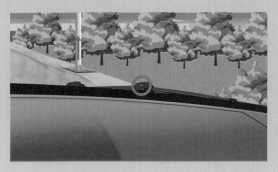

> **具体操作：**
>
> 上坡前必须尽快调整好车身，把左右距离修正好！
>
> 匀速上坡，此时还必须仔细观察车身是否跑偏，不要以为转向盘把正，车身就能正。

　　直到车头覆盖三条停车标线时离合器踏板稍稍压一点，保证不停车为止，速度越慢惯性越小，注意观察停车参照点，当车身到达目标位置时离合器踏板、制动踏板依次快速踩到底停车。

　　之前在坡道定点停车和起步中的半坡停车时，只踩制动踏板也可以，新规实施后学员们注意：操作此动作时必须拉驻车制动器操纵杆，如果没有此操作，要扣10分。只不过增加一个动作而已，学员们记住就没问题了。

　　2. 科目二坡起实操教学攻略

　　坡起是驾考时"挂科率"极高的一个环节。不光是新手，老司机也有"阴沟里翻船"的不愉快经历。

　　何况科目二规定：后溜大于30cm直接判定为不合格！想要避免溜车首先要知道为什么会出现这种情况，原因有：

　　1）加速踏板跟不上。

　　2）松驻车制动器操纵杆的时机不当。

　　3）加速踏板和离合器踏板配合不好。

> **熄火的原因有：**
> 　　1）在溜车后，急忙制动或抬离合器踏板。
> 　　2）起步时，离合器踏板抬过了接触点而且制动踏板松晚了。熄火是因为离合器踏板抬得快，加速踏板踩得浅。

　　如何避免熄火、溜车呢？

　　首先在上坡道时，需要多松一点离合器踏板，很多学员在这里不舍得松，导致走到一半时就会"噼啪"熄火。多松一点离合器踏板，稳住离合器踏板。

　　其次，在这个移动的过程中"感觉车快停了就稍微松一点，快了就压一点"，自己看准点，看到中间的实心，这个时候要看完，就可以停车了。

　　松离合器踏板时需要注意：这里松多了就会熄火，松少一点就会后溜。一定要慢慢松，转速大概在600~700r/min时，右脚就可以慢慢放开了。

如果坡道定点真的熄火了，千万不要慌张，此时应踩离合器踏板、踩制动踏板。只要不溜车，赶快点火，轻抬离合器踏板再起步也就扣 10 分，只要能保证其他步骤不再出错，一样妥妥地能过。

3. 坡道定点停车和起步教学攻略

坡道定点停车和起步是科目二的五个项目之一，主要考查学员在坡道控制车辆位置和平稳起步的能力。

新规实施后原本变得简单的科目二，却让很多人在坡道定点停车和起步上挂了科，那么新规后如何操作才能顺利通过呢？

（1）坡道定点停车操作步骤

1）上车时检查车内设备是否正常，做好开车前的准备。调整座椅，身体尽量坐直，臀部与座椅贴实，系好安全带，起动车辆，调整左右后视镜。

2）换 1 档，松驻车制动器操纵杆，打开左转向灯，低速驶入考区。

3）双脚准备踩离合器踏板和制动踏板，准备停车。

4）转向盘对准路中心线。

调整与边线内侧距离 10~30cm。找正直行。

5）当后视镜刚好接触第二条黄线时，踩离合器踏板、踩制动踏板，换回空档。

步骤5

刚好接触第二条黄线时

（2）坡道起步操作步骤

1）打开左转向灯，换1档。

步骤1

2）慢慢松离合器踏板。

3）当车头明显上翘时，制动踏板全部松开，坡道定点起步完成。

每个教练所教方法可能有所不同，以上操作步骤仅供参考，如果觉得对您有帮助，就可以直接拿来用。

二、 评判标准

1）车辆停止后，汽车前保险杠未定于桩杆线上，前后超出50cm，不合格。

2）车辆停止后，车身距离边缘线超出50cm，不合格。

3）行驶中车轮轧到边缘线，不合格。

4）定点停车后起步超过规定时间，不合格。

5）车轮轧边线，不合格。

6）车辆停止后，汽车前保险杠未定于桩杆线上，前后不超出50cm，扣10分。

7）车辆停止后，车身距离边缘线超出30cm，未超出50cm，扣10分。

8）熄火一次，扣10分。

9）停止后，未拉紧驻车制动器操纵杆，扣 10 分。

10）起动时，车辆后溜距离小于 30cm，扣 10 分。

第五节　直角转弯操作技巧及评判标准

一、操作技巧

1. 科目二直角转弯这么做不扣分

很多考过科目二的学员认为直角转弯最为简单，但越简单越容易出错，还是有不少学员因它挂了科，这是为什么呢？

下面就来为大家讲讲科目二直角转弯需要注意的细节。

> **新规操作：**
>
> 1）中途停车的规定，由原来的"不合格"改为"每次扣 5 分"，大家在操作时不小心出现这种错误可以放心。
>
> 2）直角转弯在车轮过突出点时打转向盘，左转一定记得开启转向灯！忘记打灯或打灯不超过 3s 会直接判为不合格。

直角转弯如何做到不轧线、不扣分？

1）学会看后视镜。毕竟生活中转弯看镜子的时候多，你不可能开到转弯了，还去找路边。

2）首先看后视镜车轮与边线的距离保持在 30cm 左右，不能太宽，然后等车头快接近前面的白线时快速打死方向即可。

3）车头碰线往右打死方向，直角外线在车头 1/3（左边）时慢慢往左边回方向，不可过快，这样右侧后轮就不容易轧到直角内线了。

4）车往哪边转弯，就尽量往相反的边上多靠一点，只要不轧线，靠得越近越好，这样后轮就不容易轧角线。比如前面要向右转弯，在转弯前往左边多靠近一点。同理，向左转弯时，转弯前就向右多靠近一点。

5）和车型没太大关系，主要是找好自己的点，每个人身高不一样，打转向盘的时机是不一样的，你必须把点找清楚。

2. 直角转弯转向灯怎么打？

直角转弯可以说是科目二里最简单的一项了，但越简单就越容易犯错误，容易忽略一些必做的小细节。在直角转弯中最容易出错的就是打转向灯了。

什么时候打、什么时候回才能不扣分？

直角转弯记得提前打转向灯，等进入直角转弯时会有语音播报说"请开始直角转弯"，等语音播报完就得把转向灯关掉（记得是自己关掉，有时候回转向盘时转向灯会自己关掉。这里一定要注意：直角转弯灯打开是有时间限制的（心里默数三下即可）。

注意事项：

1）最好是打完灯后用手指卡住不让灯自动跳回，如自动跳回，也是要扣 10 分的。

2）如果回转向盘时转向灯自动关闭，需要立即补开转向灯，否则就显示没开转向灯，扣 10 分。提前关闭转向灯也是不行的，在完成直角转弯后还没回转向灯都是会扣分的。

> **操作规范：**
>
> 直角转弯其实很简单，尽量靠右，当车前左后视镜与直角成平行状态时，向左快速打转向盘，车速一定要慢，时刻关注左后轮动态，感觉要轧线时，就往右边微调转向盘。多练几次就没问题了。

直角转弯打转向灯其实是非常简单的操作，一般在处理这项操作时出现问题，归根结底就是学员太紧张了，心态平和对于科目二是很重要的，在考试时别想太多，必定能旗开得胜，顺利通过考试！

二、 评判标准

1）车轮轧道路边缘线，不合格。
2）转弯时不使用或错误使用转向灯，转弯后不关闭，扣 10 分。
3）中途停车时间超过 2s，扣 5 分。

第六节　曲线行驶操作技巧及评判标准

一、 操作技巧

曲线行驶是科目二的一个考点，主要是要学会看点和调整方向，这是大家公认为比较简单的一项，但如果你一直找不到车感，确实会走弯路。

操作步骤：
1）低速进入考试区。
2）左转时，通过车边条控制与左边缘线距离，使车边条保持在黄线内侧行驶。

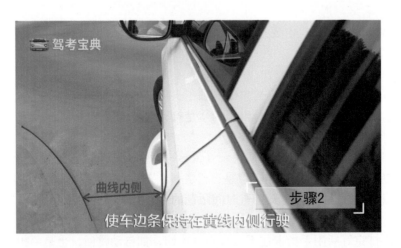

使车边条保持在黄线内侧行驶

3）使左前角对路中心线行驶。

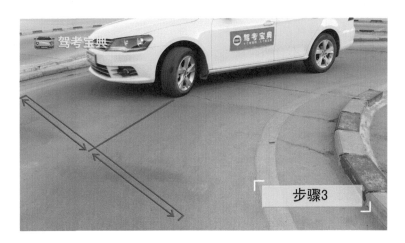

步骤3

4）右转时车辆向左靠。

5）使右前角对路中心线行驶，控制行驶和打轮速度，驶出考试区域。

使右前角对路中心线行驶

新规注意事项：

1）新规要求行驶时档位未换在2档以上，扣5分。

2）中途停车超过2s，不合格。

3）车轮轧道路边缘线，不合格。

　　曲线行驶有一个规则，那就是：左转右靠，右转左靠。一般情况下，在出S路时，车头正对出口回正就好，但为了更好地避免后轮轧到线角，有个更好的方法供大家参考：左出口时，当前轮刚好离开时，往右回半圈，避免后轮轧线；出右出口时，正好与左出口相反，当前轮刚好离开时，往左回半圈，避免后轮轧线。

二、 评判标准

1）任一车轮轧道路边缘线的，不合格。

2）中途停车超过 2s 的，不合格。

3）行驶时档位未换到 2 档以上的，扣 5 分。

第七节　停车取卡操作技巧及评判标准

一、 操作技巧

科目二新增停车取卡项目消息传出后，正在学车的学员们都被吓弯了腰，准备学车的小伙伴瞬间慌了神。

那么，到底什么是"停车取卡"？

停车取卡，顾名思义就是"把车停下，然后取卡"。该项目主要考查驾驶人驾驶车辆经过高速公路收费站的取卡操作能力，需要驾驶人在模拟高速公路收费站完成停车、取卡、起步等规定操作项目。

项目设计：

设置刷卡（取卡）机，直线行车道长度取值大于等于 7m，路段宽取值大于等于 3m，道路前进方向左侧施画边缘线。

二、 评判标准

1）车轮轧道路边缘线的，不合格。

2）驶过停车刷卡（取卡）位置未停车、未刷卡（取卡）的，不合格。

3）停车后，倒车校正位置的，不合格。

4）停车后，车身距离道路左侧边缘线大于 50cm 的，不合格。

对于新手来说这确实是个不小的问题，甚至因为这个小小的动作而导致事故发生，所以就新增加了这个考试项目。

据反映，这个项目增加得好，因为比较实用，如果在驾校学会了，以后遇到这种情况就简单多了。虽然现在只有部分地区增加"停车取卡"，但以后就不好说了，驾考只会越来越严！

第八节　科目二常见易错考点

一、 常见易错点

1. 会调后视镜能一次就过

科目二之所以会失败，其实大部分原因都是找的点位不够准。

练科目二时，教练也一直强调要对点位，但学员们经常会找不到每个项目的点位在哪里，其实点位看不准的很大原因在于你的后视镜没有调整好。

下面就来给大家讲解一下后视镜怎么调整，本方法适用于绝大部分的考试车型，如捷达、普通桑塔纳、爱丽舍等。

后视镜调整方法：

左右两边镜子的调节方法一样。前门把手在中间，后门把手在顶端，车身占镜子1/3。

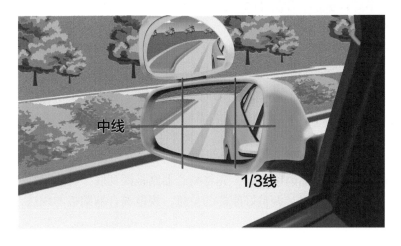

注意事项：

1）上车之后第一件事是调座位、系安全带，第二件事记得一定调后视镜，按平时练车的步骤一步一步去做，就不会有时间担心考试通不过。

2）万万不能为了省事，沿用别人调整好的后视镜。由于每个人身高不同，看到的点位会不同。

3）调完看一下是否跟平时一致。

4）后视镜的调整一定要在座椅调整好、姿势端正的情况下进行。

5）最后，只是调好后视镜位置还不够，还要能通过后视镜找到准确的点位，及时观察修正。

2. 科目二踩离合器踏板时易犯错的原因

练习科目二的学员总是抱怨"离合器踏板掌握不好，总是熄火，脚后跟支撑不住……"甚至练到怀疑智商。

科目二最重要的就是控制离合器踏板，离合器踏板控制好你就成功了一大半！下面总结了学员在踩离合器踏板时犯的三个错误做法：

（1）脚长时间放在离合器踏板上

行车过程中，有学员为了第一时间踩到离合器踏板将脚长时间放在离合器踏板上，这种习惯显然是错误的。这种不良习惯很容易对离合器造成损伤，例如造成离合器打滑、离合器摩擦片烧坏等。

车子动了，离合器踏板就不要动了，如果速度快了可以适当地踩一下制动踏板，所以要学会离合器踏板和制动踏板相互配合，这样就能控制好速度。

建议将左脚放在离合器踏板一旁，不要过多地担心踩不到离合器踏板，经过长时间训练，准确踩到离合器踏板是没有问题的。是否可以将右脚踩在制动踏板上？为了安全起见是可以的。右脚要么在加速踏板上，要么在制动踏板上，汽车在行驶过程中应时刻保持警惕。

（2）起步时一直处于半离合状态

科目二会用到离合器起步，特别是在坡道定点起步时，为了防止车后溜，会用半离合状态起步，等到了半离合状态松开制动踏板起步，平稳起步后再松抬离合器踏板，到下坡时可以轻踩制动踏板控制车速。

有时学员在半坡起步时，担心车会熄火后溜，短时间无法找到半离合状态，长时间去试半离合，这种不良习惯会造成离合器摩擦片烧坏，应尽量快速起步减少磨损。

（3）离合器踏板不踩到底就换档

用脚尖踩离合器踏板，脚跟落地。不能用前脚掌或是脚心踩，会使不上力气。很多学员因为紧张，踩离合器踏板的同时就换档，档换不上去就硬生生扳档位，却不考虑是什么原因。

其实离合和档位是有前后时间差的，先将离合器踏板踩到底，再换档，而不是一踩离合器踏板就换档。在平时训练时，调整好座椅的位置，规范离合器踏板的踩法，一定要注意踩到底才能换档。

3. 新规科目二练好这两样百分百能过

各地新规陆续实施，从学员的反馈来看，科目二其实并没有改变太多，难度稍有降低。所以想要一次就过的学员们，只要把以下两个基础练好，基本没问题。

（1）踩好离合器踏板

"成也离合，败也离合"。科目二只要掌握离合器踏板的踩法，距离满分也就成功了一半。

踩离合器踏板的方法：以左脚后跟为支撑点，前脚掌（脚趾根部）放在离合器踏板上，利用脚踝和膝盖压或抬；抬离合器踏板时，脚后跟可以稍微后移，避免离合器踏板跑到脚心滑动导致熄火。

> **注意：**　踩离合器踏板时，要踩到最低点。避免离合器长时间处于接合状态，要确保离合器完全分离，不至于磨损。

（2）打好转向盘

想让车往哪边走，就往哪边打，往前开看车头，往后倒看车尾；控制转向角度，打多少回多少；防止车辆跑偏，早调、微调。

这两点也是科目二的基本功，好多老司机回来考证就是考不过，主要就是因为基本功不过关。其实只要控制好离合器踏板，手打转向盘，脚控稳车速，基本就能稳过！

具体操作方法：左手握在时钟9点位置，右手握在时钟4点位置，大拇指握在转向盘里侧，其他4指握在转向盘外侧。

> **科目二转向盘打法口诀**
>
> 左手握在九十点，右手握在三四点。
> 拇指放在内上侧，严禁猛推和猛拉。
> 左手为主右为辅，左右打盘角度同。
> 弯前松油带轻刹，弯中回盘再加油。
> 眼看远方顾近处，预见性可保安全。

同时，打转向盘时有大交叉和小交叉之分，要注意"九不准"：

> 一不准双手扒在转向盘上。
> 二不准双手端着转向盘。
> 三不准小把碎轮。
> 四不准对轮。
> 五不准打反手轮。
> 六不准掏轮。
> 七不准等轮。
> 八不准自由回轮。
> 九不准两手同时离开转向盘。

4. 科目二考试遇到前方有车的做法

经常有学员说，"考试原本一切顺利，倒车入库→坡道定点→直角转弯→曲线行驶，就死在曲线行驶上，原因是在同条车道上考试的前车（估计是哪里轧线考试失败了）停在S道上不动，我总不能撞上去吧，结果被逼停了，成绩单上显示考试不合格原因是中途停车。"

即使新规对于中途停车要求降低了，但是并不包括曲线行驶！曲线行驶中仍不允许中途停车！否则直接挂科。

考试标准中明确规定，当前一项目中有考生时，自己所驾车辆不得进入，只能在项目之间的缓冲地带停车等候，一旦同一项目中出现两辆考试车，则两位考生都算挂科。

科目二考试1次，考试不合格的，可以补考1次。

不参加补考或者补考仍不合格的，本次考试终止，申请人应当在10日后重新预约考试。

在驾驶技能准考证明有效期内，科目二和科目三预约考试的次数不得超过5次。

第5次预约考试仍不合格的，已考试合格的其他科目成绩作废。

科目二考试前面有车的正确做法：

考试前先询问哪些地方可以停车。每考完一个项目会有非考试区域，停在非考试区域就行了，进入考试区域就不能停了，所以在进去之前你要看清楚前面，等前车驶出考试区域后，再进入考试。

当你看见前车在考某一个项目时最好和它保持距离，尤其是曲线行驶，万一前车失败，你也会失败。所以说大家在考试前一定要做好心理准备，万一真遇到这种情况千万不要慌，稳中求胜!

二、实战考试技巧

1. 科目二五项速记顺口溜

科目二是让学员们很头痛的科目,该科目作为学员实操考试的第一科,如果光靠死记硬背记住动作,往往费力不讨好。这就需要我们巧记知识点。

在这里给大家总结了科目二五项速记顺口溜,希望大家都能找到适合自己的记忆方法,以便于掌握知识点。

（1）倒车入库

上车椅镜要调好,车速尽量要放慢。
点位前后要看准,方向要快心要稳。
不要超过210s。

（2）侧方停车

停车位置要找准,方向时机要拿稳。
其实车位很宽松,出位莫忘打左转。
时限就在90s。

注意:

新规实施后,很多学员都被倒车入库和侧方停车的限时操作吓坏了,实际上只要操作熟练,在规定时间内完成是没有问题的。

（3）直角转弯

转弯前必打转向,忽略细节使不得。
入弯先要调位置,30厘米靠外线。
车速尽量保持慢,到点打死转向盘。

注意:

直角转弯前要打开转向灯也是新规定,如果不按规定使用转向灯,会被扣10分。

（4）曲线行驶

打死方向要不得,车身尽量靠外走。
车速平稳驶过弯,出弯要往车位看。

注意:

虽然其他科目中以及规定中途停车由挂科改为了每次扣5分,但并不包括曲线行驶!曲线行驶过程中"中途停车"依然会失败!试想在实际路况中通过S弯,一旦中途停车是不是容易引发事故?

（5）坡道定点停车和起步

上坡提前调右线，前后再停并不难。

离合慢慢松到位，缓放制动也不晚。

停车停到30厘米，多超一点都扣分。

注意： 坡道定点停车与起步对于停车后车身与路边缘的距离要求越来越严格，超出30cm未超出50cm的扣10分，而大于50cm的直接"不合格"！

2. 科目二限时考前做好四件事

新规实施后，不少考生对于科目二中的"限时完成"吓到害怕考场，其实考前不正确处理这些问题有时也会影响整个考试的结果。

所以希望广大学员能在考前做好以下四件事，让科目二考试得到多一份的保障！

（1）多问多练多思考

经验是按照教练教你的方法来，哪儿弄不明白就多问多练，一有问题马上问教练，及时解决问题。实在解决不了的问题多与其他学员们一起讨论，有时学员和学员之间的交流更顺畅。

（2）考前模拟有保障

提前到考场是可以缓解考试紧张情绪的。考试前最好用考试车模拟一下，考试前坐车里，别着急考试，就算机器说"考试开始"也不用着急，安全带系好，倒车镜、驻车制动器操纵杆、车座椅、档位等，该调整的都调整好，多踩踩离合器踏板感受一下，自己感觉舒服了，再开始考试。

（3）心态坦然无压力

考试时稳住！可以选择嚼口香糖等缓解压力，千万稳住！考试过程中有一个平稳的心态很重要，把考试当作平时训练，动作一气呵成，顺利过关没问题。

（4）控制离合器踏板是关键

科目二如果控制好离合器踏板，可以说就成功了一半。一定要慢抬离合器踏板，尤其是坡道定点停车和起步时，要慢！起步松离合器踏板太快，很容易熄火，一旦扣分就会影响考试情绪。

注意： 其实在新规中对倒车入库和侧方位停车限制时间根本不会影响大家整体水平的发挥。

在考场上只要按照平时的练习来考试，基本上都会在规定时间内完成，再加上如今中途停车已经不再成为制约大家的重要扣分项，考过科目二还是很容易的！

3. 科目二一把过的经验

（1）倒车入库

倒车入库慢慢来，对准点打方向，只要不是很离谱的轧线，有点斜自己慢慢调，速度一定要慢，心里不要慌，是可以过关的。当然在控制速度的同时也要保证在210s内完成。

（2）直角转弯

虽然直角转弯不算难，但是也不要大意，停下来想想，冷静一下，看一下前面的车走了没有。同样的点也要找准，太晚了右边前轮会轧线。

（3）曲线行驶

看点有点误差没关系，哪边大往哪边调，后视镜看不到，头微微伸出去看，不要伸太多。一定要看清左右大小，小了的地方一定要调方向，不然出来的时候轧线就可惜了。

（4）侧方停车

这是日常开车最常用的一项技能，看准后面的点回正方向和后轮轧到线了左打死。

侧方停车与倒车入库一样都要控制时间，保证在 90s 内完成即可。

（5）坡道定点停车和起步

从侧方停车出来以后如果要等待，重新起步的朋友一定要慢慢松离合器踏板，不要想着要快点上去，不然会熄火，可以的话直接从侧方位停车上去，到点了双脚踩离合器踏板和制动踏板。然后缓抬离合器踏板，车身有明显振动，快速松制动踏板。这个时候注意不要轧线，然后语音提示考试合格就过关了。

大家在考科目二之前一定要抱着"这次一定要过，只剩一次机会"的心态。只要在操作过程中能够做到仔细、小心、速度放慢，就可以一次通过！

第四章

机动车驾驶
科目三
考试

第一节　科目三考试项目及合格标准

一、考试项目

科目三，又称道路安全驾驶考试，是机动车驾驶证考核的一部分，是机动车驾驶人考试中道路驾驶技能和安全文明驾驶常识考试科目的简称。不同的准驾车型，道路驾驶技能考试内容不同。

科目三的内容一般包括：上车准备、灯光模拟考试、起步、直线行驶、加减档位操作、变更车道、靠边停车、直行通过路口、路口左转弯、路口右转弯、通过人行横道线、通过学校区域、通过公共汽车站、会车、超车、掉头、夜间行驶。

二、合格标准

科目三考试满分 100 分，90 分合格。

三、考试流程

1. 科目三新规考试流程细节盘点

考试常常有，现在特别难！经过改革后的科目三难度更是迅速上升。那么如何在科目三考试中发挥出最佳水平？

这是每个学员在考试之前最关心的问题，驾考新规后的科目三需要注意的细节更多了，以下是 16 个考试项目细节提醒，快来看看吧！

（1）上车准备

新规上车准备就是重点。上下车前要向后观察确认自己安全，上下车要关好车门，上车后系好安全带，起步前灯光在近光灯，转向灯在中间关闭档，空档起步，中途熄火也要空档起步，起动后及时松手，然后等模拟灯光，别急着走。

（2）模拟灯光

静坐，仔细听题，每个语音播报后变换灯光，并在 5s 内做出相应的灯光操作。灯光别抢也别超时，新规中增加了转向灯的使用，同时也打乱了播报顺序，大家一定要注意。

（3）起步

先要转头向后观察，踩离合器踏板换 1 档，打左转向灯，鸣喇叭。

（4）直线行驶

这个就不用多说了，"稳"字当头！关键在于方向控制要稳，行驶过程中能用转向盘及时修正方向。

（5）加减档位操作

1 档 20km/h 以下，1 档不超 400m，2 档 10~25km/h，2 档不超 800m，3 档 16~50km/h，3 档不少于 5s，全程只需用一次，加档之前先加速，减档之前先减速，1 档 10km/h，2 档 20km/h，3 档 30km/h 左右来回变换档位。从空档发车一路车速与档位的匹配到最后空档熄火，加减档位操作新老规定都没有变过。

新规可以不使用 3 档，就全程用 1、2 档。起步、环岛、掉头几个大急弯靠边停车都得用 1 档。

（6）变更车道
变左打左转向灯，变右打右转向灯，3s 后才能动方向，要回头观察确认安全。

（7）直行通过路口
新规规定必须要有明显的踩制动踏板减速的动作，左右侧头观察确认安全，看准直行道，莫轧实线。

（8）路口左转弯
要有明显的踩制动踏板减速的动作，打左转向灯，侧头观察左边，找好左转车道，莫轧实线。

（9）路口右转弯
要有明显的踩制动踏板减速的动作，打右转向灯，侧头观察右边，找好右转车道，莫轧实线。

（10）通过人行横道线
要有明显的踩制动踏板减速的动作，车速必须控制在 20km/h 以下。注意左右侧头观察，莫将车停在人行横道线上，有行人时应将车停在线外让行人先通过，有行人通过时不限定起步时间。

（11）通过学校区域
要有明显的踩制动踏板减速的动作，车速必须控制在 20km/h 以下，注意左右侧头观察。

（12）通过公共汽车站
要有明显的踩制动踏板减速的动作，车速必须控制在 20km/h 以下，注意左右侧头观察。

（13）会车
减速各行其道，不要轧实线。

（14）超车
打开左转向灯，侧头向左后方观察，在被超车后方按喇叭。从停着的车左边正常驶过也叫超车。

（15）掉头
车速提前减到 10km/h 换 1 档，打开左转向灯，向左后方侧头观察 3s 后才能动方向，不要轧实线，肩膀过了实线障碍物才能打方向。

（16）靠边停车
听到靠边停车先减速打开右转向灯，向右后方侧头观察，靠边停车可以先停车，用 1 档去靠边停车，可多次去靠边停车别轧实线，别长时间骑轧停在虚线上等待，停下后观察右后视镜，再拉紧驻车制动器操纵杆，靠边停车以拉驻车制动器操纵杆算最后结束，最后停好别忘了：制动、收档、灭灯、熄火。下车前向左后方转头观察，不观察就开车门扣 100 分。

等考官在电脑上操作完再解安全带下车，关上车门左右观察，向后走到副驾去报告。

考试合格，去签字。

科目三新规更贴近实际生活，时刻注意转向灯的使用，转向灯漏一个扣10分，用完也要及时关闭，不关也要扣10分。

2. 科目三考试不合格下次预约需要等待的天数

科目三，又称大路考，是机动车驾驶证考核的一部分，主要考的都是细节，所以一些不注重小细节的学员会在此马前失蹄。那么你知道科目三考试不合格，下一次预约需要等待多少天吗？

理论上讲，申请机动车驾照，科目三考试不合格的需要间隔十日以后，申请人可以重新预约。

根据《机动车驾驶证申领和使用规定》第三十七条规定：

1）每个科目考试一次，考试不合格的，均可以补考一次。不参加补考或者补考后仍考试不合格的，本次考试终止，申请人应当重新预约考试，但科目二、科目三考试应当在十日后预约。

2）在驾驶技能准考证明有效期内，科目二和科目三道路驾驶技能考试预约考试的次数不得超过五次。第五次预约考试仍不合格的，已考试合格的其他科目成绩作废。

3）科目三安全文明驾驶常识考试不合格的，已通过的道路驾驶技能考试成绩有效。

科目三其实不难，考试主要靠车感，如果你的基础技能掌握得不错，上路后只要别紧张，心态好一点就行了。

3. 科目三考试路上突然出现车辆的操作

有的学员经常抱怨在练习或考试时，由于前方突然出现车辆，或前方车辆突然停车，而导致自己操作失误挂科。面对这种突发情况，到底该如何应对？

（1）突然出现车辆

在驾驶时注意观察路况（这也就是为何在驾考新规中很多项目新增"回头观察"动作），看好两车间的距离，有车出没时，轻踩制动踏板减速让行，适当按喇叭。如果是手动档车型，离合器踏板和制动踏板一起踩，抬的时候先抬制动踏板。

遇行人时必须停车让行，减速让行，别停在斑马线上。

除了加减档、靠边停车和超车时不能随便停车，其他项目遇到紧急情况都可以停车。

其实练车时车多有好处，可以提高你的应急能力。

（2）多练习

开车是熟练工，多开多练自然就会好的。考试时思路要清晰，考前在心里模拟几遍，还可以缓解考试压力，尽量细化步骤，这个点考完，就想想下一步的动作。

（3）心态问题

这种情况大多都属于心态问题，心态要好，不能慌，有教练坐在你旁边，教练那边有副驾制动踏板，不会让你撞到别的车，因此大胆开，而且考试时应该没那么多车。一定要克服心理障碍！不然即使拿了证，上路还是害怕，你自己可能都不放心自己！

（4）胆大心细

科目三考的都是细节问题，稍有不注意可能就会扣分或不合格，所以当有车辆出没时就要注意车速，当然不适合冲刺就别冲刺。总之就是胆大心细，集中精力！

第二节　上车准备操作技巧及评判标准

一、操作技巧

新规实施后科目三通过率呈现直线下降的趋势，很多学员甚至是刚开考就不合格，导致不少学员喊"冤"！

其实决定科目三成败的依然是细节，尤其是上车准备操作中的一些细节，即使驾考政策再怎么变化，只要注意细节也能一次通过。

（1）逆时针绕车检查

在科目三考试中，上车前先逆时针绕车一周，车身上有 4 个小按钮，每个按一两秒后放开，别漏掉。绕车时要留意车门是否关紧，绕到车后时顺便看一下车身摆向，因为安全员不会给你停得很标准，不一定是在考试的车位上。

候考学员绕车一周

注意：未逆时针绕车一周检查车辆外观及周围环境的，会被判不合格。

检查车辆外观及安全状况

（2）上车准备

学员绕车检查一周后，即可在左车门前观察前后左右的交通情况，确认安全后可以打开车门，坐在驾驶位上，然后关紧车门。

（3）调整座椅、后视镜，系安全带

上车后，安全员会问你："准备好了没有？"你就说："还没准备好。"然后迅速调整座椅。方法是：离合器踏板可以踩到底是最低标准，座位要调整到与平时练的车差不多，因为要对"靠边停车"的点，所以平时练车就要多留意。

调好座椅后就系好安全带。一定要记住系安全带，否则还没起步考试就结束了。

接下来，调整左右后视镜，与科目二不同，科目三的后视镜调到可以看到车后的大概路况就行，中间的后视镜也尽量调一下。

然后试试离合器踏板和制动踏板的脚感。

再看看档位和驻车制动器操纵杆！记住位置，眼看，手勿动。因为在科目三考试行驶过程中，除了有些动作需要看后视镜和回头观察外，其他时候都要目视前方，低头看档直接挂科，所以要在此时熟悉档位位置。

一切准备得差不多了，就可以和安全员说"准备好了"，安全员就会按下"开始考试"按钮。

> **注意：** 起步前，未观察内外后视镜、回头观察后方交通情况的，直接不合格。

上车前准备工作可以说是科目三考试的第一步，只有做好这些才能为整个路考打下良好的基础，考出理想成绩！

二、 评判标准

1）未逆时针绕车一周检查车辆外观及周围环境的，不合格。
2）打开车门前不观察后方交通情况的，不合格。

第三节　起步操作技巧及评判标准

一、 操作技巧

1. 科目三起步就不合格的原因

有谁能想到，约了这么久的科目三考试，刚刚起步就不合格了！真是伤透了学员们的心啊。

多地考场、驾校已经发布通知：科目三恢复"绕车一周"项目，如果你在起步准备时没有做到这些，那么你可能连车都没碰到就被淘汰了！

科目三"绕车一周"动作要求如下：

1）学员准备上车考试前，或站在副驾车门旁，先询问安全员，是否已经点击"开始考试"按钮了！

2）经确认已经点击"开始考试"按钮后，学员走到车辆右后角触摸按感应按钮，最好按压两三次。

3）触按完感应点后，学员再从右侧走到车头前左角，再触摸按感应按钮两三次。

4）然后上车，向安全员了解是否前后触摸感应到位了。

5）经确认可以后，调整座椅、后视镜，确认灯光是否复位。再系好安全带，开始夜间模拟灯光考试。

起步作为驾驶的第一步，为什么会频频出错？在起步时，加速踏板、制动踏板、离合器踏板、驻车制动器操纵杆要怎么配合？

操作步骤：

1）起步前，先打开左转向灯，再看左右后视镜，再向左后方看一眼。

2）接着双脚踩离合器踏板和制动踏板，换1档，松抬制动踏板，慢慢松抬离合器踏板。

3）等汽车抖动时，松驻车制动器操纵杆，然后汽车就开始慢慢动起来了，再看一眼左后视镜，如路况安全，就开始向左打转向盘（角度不要太大）。

4）车头进车道一半时，开始回转向盘。

5）车头正了就关闭左转向灯（要是车头还没正，左转向灯就被转向盘带灭了，要赶紧补灯，也就是立即再打开左转向灯）。

6）最后就是1档换2档，逐级加档加速。

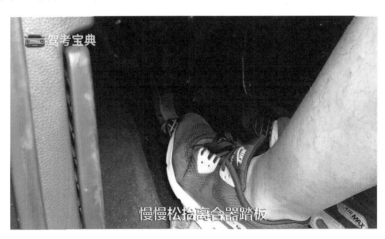

2. 科目三刚起步开始就"被"结束

在考试中自己一再小心，却还是在刚起步时就被结束了，但自己感觉发挥正常啊，这是怎么回事？

上车前绕车一周、调整座位、系好安全带。

安全员会问："准备好了吗？"然后开始灯光模拟考试。

灯光模拟考试值得注意的是，如果上一个指令是近光灯或远光灯，下一个指令还是一样的灯光，无须操作，等下一个指令。比如第一个指令是开启近光灯，第二个指令是路边临时停车，第三个指令是在照明条件良好的情况下使用灯光，那就记得关闭近光灯、危险警告闪光灯，其他不用动。一定要注意听指令，否则容易出错。

灯光完成后语音提示"请开始起步"，最好先打左转向灯，因为转向灯开启必须3s后才能动转向盘，早打比较安全。然后踩离合器踏板，换 1 档，松驻车制动器操纵杆，按喇叭，观察左右后视镜周围情况，确认安全后松离合起步。

把汽车开到考试起点的位置，在起步前汽车都是停在考试停车场里的，需要自己开到起点，在起点那里停一下，等待前方考试的车辆看不见以后再开始考试，因为接下来的第一个项目就是直线行驶，是不能停车的，以防前车出现什么问题而导致不合格。

有的考场科目三"直线行驶、超车、加减档"都是在考场内的道路上完成的，加减档完成后，开出考场大门再到实际的道路上考试。

开始起步，加速至 10km/h 以上就可以踩离合器踏板换 2 档了，一般到 15km/h 才换 2 档，如果换档动作比较慢，15km/h 会比较安全，不会因为速度低于 10km/h 导致速度和档位不匹配。

继续踩加速踏板到 20km/h 以上踩离合器踏板换 3 档，没有特殊情况，考试的整个流程都是 3 档操作的，期间需要换一次 4 档，1 档行驶不能超过 50m，2 档行驶不能超过 200m，不能长时间使用 1、2 档。

如果受路况所限挂不了 3 档，是可以随时停车的，再 1 档起步，又重新开始从 1 档进行计算了。最好不要减档，因为如果减档操作不好，容易使档位不匹配。

考试时一般没有那么多汽车。基本可以换 3 档，最好保持 25km/h 左右的速度。

3. 科目三考试四步操作法

科目三一直练不好，在考试来临时，学员们到底该做些什么才能取得好成绩呢？

下面给大家分享一下考试心得。

（1）提前熟悉考试线路

因为科目三是大路考，会出现很多不确定因素，所以要提前熟悉考场，考场线路非常重要，务必要搞清楚，如果你连方向都走错了，那么谁都帮不了你啦！

考试前一天，让教练带你熟悉一下考试线路，并找一辆花钱的考试模拟车把每条线路都开一遍，不过这钱花得值，因为在这个过程中模拟车的教练会给你讲很多细节和注意事项，这时你一定要认真听。

（2）听教练的话

不仅自己练车的时候要认真听讲，别的小伙伴练的时候你也要认真听，认真找出别人的问题，虽然很多内容都是教练平时教你的，但千万不要因此觉得这些是废话。

（3）平时练车要认真

珍惜每一次练车的机会，把细节练熟，考试时自然不会忘。

（4）加减档操作

必须换一次 4 档，先将车速提到 35km/h，踩下离合器踏板换 4 档，然后慢抬离合器踏板 3s 左右，踩下离合器踏板换回 3 档，加速踏板稳到 25km/h 左右继续行驶。

二、 评判标准

1）制动气压不足起步的，不合格。

2）车门未完全关闭起步的，不合格。

3）起步前，未观察内外后视镜，未回头观察后方交通情况的，不合格。

4）起动发动机时，档位未置于空档（驻车档）的，不合格。

5）不松驻车制动器起步，未及时纠正的，不合格。

6）不松驻车制动器起步，但能及时纠正的，扣 10 分。

7）发动机起动后，不及时松开起动开关的，扣 10 分。

8）道路交通情况复杂时起步不能合理使用喇叭的，扣 5 分。

9）起步时车辆发生闯动的，扣 5 分。

10）起步时，加速踏板控制不当，致使发动机转速过高的，扣 5 分。

11）起动发动机前，不调整驾驶座椅和后视镜、不检查仪表的，扣 5 分。

第四节　直线行驶操作技巧及评判标准

一、操作技巧

1. 科目三直线行驶的五步

直线行驶之所以看起来简单，却又被称为最易扣分的一项，是因为学员在操作时经常会跑偏。有时发现跑偏了，学员却不敢修正转向盘，自然而然就会导致不合格。

为了避免跑偏，可以试试下面这五种做法。

首先要清楚，直线行驶的意思是保持车辆的直线行驶，而不是不动转向盘。大部分车都会有跑偏现象。

直线行驶过程中，注意观察路况

（1）转向盘要先扶稳扶正并微调转向盘

一般情况下想要直线开车，当然要事先把转向盘回正，车身正着进考试区域，那样基本不用怎么调整，否则就会偏离直线。

正确的方法是：转向盘不要握得太紧，扶稳扶正后，在车辆行驶过程中微调转向盘，每次朝车跑偏的反方向微调一点，只要不超过 5°，就没问题。切勿大角度打转向盘。

（2）目视前方，越远越好

正所谓看得远才能跑得直！

尤其是对于新手来说，在宽阔的路段上行驶，由于空间或视野过大，路边的参照物会被弱化，产生视线错觉，进而导致开偏。

尽量往远方看，可以看远处你所在的车道变窄的地方。左右道路两边一般都有黄实线，利用后视镜，凭你的目视感觉是否走正，歪了就修正一点，但是记得要及时回正，动作快且小。

（3）狭窄路段借助路沿石

在无标线的狭窄路段，借助右边路沿石，可以帮助你开直线。

（4）平稳控制加速踏板

在语音结束前，要把速度提上去然后稳住，因为这时可以不低头看车速表，而是用心跑直线。总是观察时速表汽车就很容易跑偏。

（5）心态放松

最主要的还是心态要好，在平时练习时培养良好的车感，不要想别的事，将每个动作都做好，用平常心来面对考试一般都能合格。

2. 科目三直线行驶做法

科目三直线行驶看起来简单，不就是走直线么？但实际操作起来却并不容易，一不留神就会跑偏。到底应该怎么做呢？

（1）看远顾近找目标

直线行驶时，视线一定要看远顾近，找好参照物，握好转向盘，并根据车速的变化随时微调。就是说要看远点，看得远才能感知车身位置的变化，看到路尽头找个目标，一直开过去就行了。

当然也要同时通过后视镜观察两边的交通情况，及时做出响应。

（2）控制车速

只有车速控制得不快不慢才能做到及时调整方向，车速保持 37~39km/h，保持转向盘不动和汽车不能左右偏移，直到语音说结束，保持 35km/h 直到离下一个项目前 50m 左右再减速至 30km/h 以下。

另外，有的地方考直线是在转弯后进行的，这时一定要放慢车速，在转过弯之后方向一定要一把拉正不能斜，车子正了想歪都难。

（3）摆好转向盘

科目三很多车直线行驶都是偏右的，如果不微调转向盘，就会轧线，只要方向歪一点就会报"不合格"。

正确的做法是最好提前摆好转向盘，到位置后踩加速踏板，别再动转向盘，直线行驶左右偏差不超过 30cm。实在出现偏移，别死抓着转向盘不放，可以左右微调一下。

这些你都学会了吗？想要了解更多关于科目三的操作，大家还可以下载驾考宝典 App，查看相关学车视频。

二、 评判标准

1）方向控制不稳，不能保持车辆直线运行的，不合格。

2）遇前车制动时不及时采取减速措施的，不合格。

3）不适时通过内外后视镜观察后方交通情况的，扣 10 分。

4）未及时发现路面障碍物或发现路面障碍物未及时采取减速措施的，扣 10 分。

第五节　通过路口、人行横道等操作技巧及评判标准

一、操作技巧

1. 科目三路考时遇路口和行人的驾驶方法

在驾考改革过程中，礼让斑马线逐渐成为改革重点，不仅在地方理论考试题中添加了相关考题内容，在科目三路考中遇到斑马线未礼让行人的，也会一律被判不合格！

斑马线上如何礼让行人，如何在礼让的同时结合周边"减速让行"或"停车让行"标志，特别是在没有红绿灯控制的路口，应当如何避让行人等，都是今后考试的重点内容。

那么科目三考试在通过路口、人行横道、学校区域、公共汽车站时，怎样才能做到安全驾驶？

> **注意：** 科目三上路安全驾驶的前提就是先要系好安全带，调好后视镜和座椅位置。

（1）直行通过路口、路口左转弯或右转弯

合理观察交通情况，减速或停车瞭望，根据车辆行驶方向选择相关车道，正确使用转向灯，根据不同路口采取正确的操作方法，安全通过路口。

通过路口前，当提示前方是红灯时需要停车

（2）通过人行横道线

减速，观察两侧交通情况，确认安全后，合理控制车速通过，遇行人停车让行。

（3）通过学校区域

提前减速至 30km/h 以下，观察情况，文明礼让，确保安全通过，遇有学生横过马路时应停车让行。

（4）通过公共汽车站

提前减速，观察公共汽车进、出站动态和乘客上下车情况，着重注意同向公共汽车前方或对向公共汽车后方有无行人横穿道路。

做好以上四点，就能很大程度上完成科目三对路口、人行横道、学校区域、公共汽车站区域的操作考查，学员们谨记：切不可把安全当儿戏！

2. 新规科目三语音重大变化下的对策

2017 年 10 月起驾考新规正式实施，新增了路考的扣分项，挂科率也让不少学员和教练为之害怕。

不管是新规前还是新规后，科目三的考查重点一直都是细节。

例如新规中取消部分语音提示就成为大多数学员很容易挂科的地方。

从驾考新规的评判标准可以看出来，新规中对于科目三"观察"这一细节进行了着重强调，因此部分地区语音播报取消通过人行道、学校等指令，只能靠学员自己去观察，一旦未提前踩制动踏板减速，将被扣 100 分，直接挂科。

变化：

在科目三考试中，之前在通过人行横道、学校、公交车站等地时，系统会有语音提示，学员听到提示后做相应动作（踩制动踏板、减速、让行等），但新规施行后将不再提示！

对策：

这里就需要学员们在考试过程中时刻保持警惕，在遇到这类地点时，要减速慢行，注意避让，确认安全后再通过。

需要减速的考试项目有哪些变化？

1）通过"学校区域""公共汽车站"等项目由以前的听到语音播报后进行减速操作，改为由学员自行观察并在距离考试项目（标牌或实体）30m 处进行减速操作。学员在训练时要加强对这些项目点的观察和记忆，做到心中有数。

2）通过"学校区域"时，从距离项目 30m 处就将速度保持在 30km/h 以下，直至通过学校区域（标牌）。这就要求学员们要判断好 30m 的距离，因为到了 30m 内电子考试设备开始识别，制动踏板踩早了会被设备判为"未踩制动踏板"，这一点大家要注意了。

3）通过路口时必须有两次减速动作（踩制动踏板），第一次是在车辆距离第一个人行横道前 30m 内减速，第二次是车辆距离第二个人行横道 30m 内减速。

4）前方路口直行、前方路口左转、前方路口右转、前方请选择合适地方掉头等指令一旦发出就必须有减速动作。需要特别注意的是，如果你转弯后遇到路口的人行横道，还需要再次进行减速操作。

特别注意：直行通过路口、左右转弯和通过人行横道时，要主动避让"优先通行"的车辆、行人、非机动车，提前采取制动措施，否则不合格。

新规对考生操作技术难度考核并没有加大，而是更加突出对考生交通安全文明意识的考核，更加契合实际道路交通环境，更加方便考生考试领证，考生应保持心态平稳，从容应考。

二、评判标准

直行通过路口、路口左转弯、路口右转弯：

1）不按规定减速或停车瞭望的，不合格。

2）不观察左右方交通情况，转弯通过路口时，未观察侧前方交通情况的，不合格。

3）不主动避让优先通行的车辆、行人、非机动车的，不合格。

4）遇有路口交通阻塞时进入路口，将车辆停在路口内等候的，不合格。

5）左转通过路口时，未靠路口中心点左侧转弯的，扣10分。

通过人行横道线、学校区域、公共汽车站：

1）不按规定减速慢行的，不合格。

2）不观察左右方交通情况的，不合格。

3）未停车礼让行人的，不合格。

第六节　变更车道操作技巧及评判标准

一、操作技巧

变更车道俗称并线，是科目三考试项目之一，考核机动车驾驶人根据道路状况和交通流量情况，适时变更车道的能力。要求方向平稳不偏离、时机正确，不影响其他车辆的正常行驶。

看似简单，实则要求严格！

毕竟此项目在实际运用中实用性很强，也涉及安全驾驶，所以现在就和大家分享一下科目三变更车道考试技巧，一定要保质保量地完成该操作！

首先来看一下，新规实施后，科目三变更车道操作的扣分标准都有哪些变化？

当听到"变更车道"时，按下列操作：

1）迅速打开左转向灯。

2）通过内外后视镜观察，并向变更车道方向回头观察后方道路交通情况，确保安全，在开灯3s后，左打方向，平稳进入左车道。

3）车行一小段，打开右转向灯。

4）观察右后视镜并回头观察，确保安全，在开灯3s后，平稳进入行车道。

5）如果转向灯没有自动跳转，要及时关闭转向灯。

做好变道准备，打开左转向灯

注意事项：

1）要防止变更车道时，习惯性地松加速踏板，造成脱档的情况。

2）注意让所借车道内行驶车辆先行。

3）不得一次连续变更两条以上车道。

4）左右两侧车道的车辆向同一车道变更时，左侧的车辆让右侧的车辆先行。

5）打转向灯一定要超过3s，否则马上挂科，这也是新规为了驾驶人能够保证安全文明驾驶提出的要求。

6）变更车道前不仅需要通过后视镜观察，也需要回头观察道路情况，确保安全。

> **通关口诀**
>
> 沉着冷静要放松，变道完毕要关灯。
> 左右转向要开灯，安全车距要适中。
> 左顾右看要分清，之前要看后视镜。
> 新增回头观察项，确保安全很重要。
> 根据路况做决定，变道只有一分钟。

二、 评判标准

1）变更车道前，未通过内外后视镜观察，并向变更车道方向回头观察后方道路交通情况的，不合格。

2）变更车道时，判断车辆安全距离不合理，妨碍其他车辆正常行驶的，不合格。

3）变更车道时，控制行驶速度不合理，妨碍其他车辆正常行驶的，不合格。

4）变更车道前，不使用或错误使用转向灯的，不合格。

5）变更车道前，开转向灯少于3s即转向的，不合格。

第七节　灯光模拟操作技巧及评判标准

一、 操作技巧

1. 科目三模拟灯光

一直听说科目三模拟灯光在新规后有了很大变动，搞得学员们之前很有信心的项目也很担心。那么模拟灯光怎么练才能稳稳通过？不妨看看具体变化。

模拟灯光操作：

1）请开启前照灯：开启近光灯。

2）夜间与机动车会车：开启近光灯。

3）夜间在窄路、窄桥与非机动车会车：开启近光灯。

4）夜间同方向近距离跟车行驶：开启近光灯。

5）夜间路口直行：远近灯光交替，完成操作后仍为近光。

6）夜间在没有路灯、照明不良条件下行驶：开启远光灯。

7）请将前照灯变换成远光灯：开启远光灯。

8）夜间通过坡路、拱桥：远近灯光交替，完成操作后仍为近光。

9）夜间通过急弯、坡路：远近灯光交替，完成操作后仍为近光。

10）夜间通过急弯拱桥、人行横道：远近灯光交替，完成操作后仍为近光。

11）夜间通过急弯、拱桥：远近灯光交替，完成操作后仍为近光。

12）夜间通过没有交通信号灯控制的路口：远近灯光交替，完成操作后仍为近光。

13）夜间超越前方车辆：远近灯光交替，完成操作后仍为近光。

14）雾天行驶：开启雾灯和危险警告闪光灯。

15）夜间在道路上发生故障妨碍交通又难以移动：关前照灯，开启示廓灯、危险警告闪光灯。

16）路边临时停车：关前照灯，开启示廓灯、危险警告闪光灯。

17）夜间路口左转弯：开启近光灯、转向灯，按喇叭。

18）夜间路口右转弯：开启近光灯、转向灯，按喇叭。

19）模拟夜间考试完成：关闭所有灯光。

20）夜间在照明良好的道路上行驶：开启近光灯。

各地语音指令稍有差别，请以当地驾校通知为准。

注意事项：

（1）多练习

把灯光开关在哪里背熟，实在记不住可以在练车时多了解什么情况用什么灯，因为新规后模拟灯光语音是随机报的，所以要全部了解才能在操作时灵活运用。

（2）新规操作

新规增加了几个新操作，着重强调了转向灯的使用，在下一个灯光来时回位近光，听好灯光语音再操作。

（3）切勿过早或超时

需要在语音指令 5s 内做出相应的灯光操作。模拟夜考时，一定要先等语音说完再做动作，做快了感应不到。

（4）保持平常心

不要有压力，考试时最容易出错的地方就是有些学员考试会一直担心自己的反应能力，其实这与反应能力无关。只要有把握，考试就不会慌乱。

2. 新规科目三灯光语音提示最新版

新规实施后，科目三考试的通过情况可以用"惨烈"来形容，大部分学员认为变化最大的是模拟灯光考试！

模拟灯光考试变化有哪些？

模拟灯光考试内容新增考试操作，语音指令由顺序固定改为随机！

变化如此之大，那么熟记灯光操作就尤为重要了。

灯光操作这么多，如何高效记忆？

（1）语音指令固定顺序变为随机

之前考试的语音指令顺序基本一致，远光灯、近光灯、转向灯的切换是有规律可循的，多次练习后基本上不用听语音就知道答案。现在考试更注重理论与实操相结合，对考生的驾驶习惯要求更高，因此打乱了语音指令的顺序，改为随机播报。

（2）新增打灯项目，突出"转向灯"使用

新增四个项目"夜间路口左转弯、夜间路口右转弯、路边临时停车、夜间在照明良好条

件下行驶"。

其中夜间路口左右转弯时，不仅要开启近光灯，还需要打开对应的转向灯。

新规对于"转向灯"的使用提出了更明确的操作规范。因此备考科目三的学员，除了记住在起步、转向、变更车道、超车、靠边停车前不使用或错误使用转向灯，以及开转向灯少于3s即转向的均不合格外，在模拟灯光考试时也要注意开启转向灯。

为帮助学员尽快掌握最新驾考内容，获取科目三最新最全灯光模拟语音包，请学员们尽快下载最新版本驾考宝典App！

二、评判标准

1）不能正确开启灯光的，不合格。

2）同方向近距离跟车行驶时，使用远光灯的，不合格。

3）通过急弯、坡路、拱桥、人行横道或者没有交通信号灯控制的路口时，不交替使用远近光灯示意的，不合格。

4）会车时不按规定使用近光灯的，不合格。

5）通过路口时使用远光灯的，不合格。

6）超车时未交替使用远近光灯提醒被超越车辆的，不合格。

7）在有路灯、照明良好的道路上行驶时，使用远光灯的，不合格。

8）在路边临时停车不关闭前照灯或不开启示廓灯的，不合格。

9）进入无照明、照明不良的道路行驶时不使用远光灯的，扣5分。

第八节 超车操作技巧及评判标准

一、操作技巧

超车不仅是科目三中的必考科目，也是日常行驶中不可避免的一项操作。

很多学员说科目三中最害怕的就是超车，总感觉该路段行车速度快，然后就会手忙脚乱，这该怎么办？有什么诀窍吗？

（1）换档

有的考场可以起步就加速换2档（前方无车情况），然后在要进超车道时加速换3档。如果前方有车，那就直接在超车道换档，1—2—3连续加档就行。

（2）灯光

换完3档走一点就能打左转向灯，一定要用手按住，不要让转向灯开关弹回来，然后一听到超车语音报完就把方向往左打并且加速，转方向不用很多，10°左右就行，然后四个车轮都过了中间虚线就直接把转向灯一次性拨到右转向灯，并且把方向回正。

然后走到箭头前转向盘往右拉10°左右，车轮过线就回正方向，车正了就关转向灯。

打右转向灯向右变回原来的行驶车道

> **注意：** 超车前，打好左转向灯要够 3s，然后变到超车道后马上打右转向灯，速度缓缓加到 40km/h，可以轻踩制动踏板，右转向灯有 3s 变过来就行了，如果能把速度稳定在 30km/h 更好。

（3）速度

科目三超车要求 3 档并且速度在 30~40km/h 之间，四个车轮过线走正就可以瞄一眼车速表，要是在 35~40km/h 就可以稳定车速。

如果马上到 40km/h 了就可以直接加速，然后看路上箭头就行，不会报你速度不够，也不会超速。

学车要胆大心细，认真体会教练教的方法就可以过关。

二、 评判标准

1）超车前，不通过内外后视镜观察后方和左侧交通情况并回头观察确认安全的，不合格。

2）超车时机选择不合理，影响其他车辆正常行驶的，不合格。

3）超车时，未回头观察被超越车辆动态的，不合格。

4）超车时未与被超越车辆保持安全距离的，不合格。

5）超车后，驶回原车道前，不通过内外后视镜观察后方和右侧交通情况并回头观察确认安全的，不合格。

6）在没有中心线或同方向只有一条行车道的道路上从右侧超车的，不合格。

7）当后车发出超车信号时，具备让车条件不减速靠右让行的，扣 10 分。

第九节　靠边停车操作技巧及评判标准

一、 操作技巧

1. 新规后科目三靠边停车怎么做到 30cm

想要拿到驾驶证还真不是件容易的事，本来就对科目三发懵的你，当驾考新规来袭后，考试变得更加苛刻了，尤其是对靠边停车的距离做了更严格的要求。

最新评判规定：

1）需要下车时，在打开车门前不回头观察左后方交通情况的，不合格。

2）停车后，车身距离道路右侧边缘线或者人行道边缘超出 30cm，未超出 50cm 的，扣 10 分。

3）停车后，车身距离道路右侧边缘线或者人行道边缘大于 50cm，由"扣 10 分"修改为"不合格"。

下面总结一下靠边停车小技巧，给还没考试的学员们提两点建议：

1）听到"靠边停车"指令以后，先用左右后视镜并回头观察确认安全后，减速，找好靠边停车的切入位置，开启右转向灯，并保持 3s 不动转向盘，向右转动转向盘，角度为 90°。向右转向靠边，平稳停车。

2）下车前，先回头观察左后方交通情况，确认两车道无同向车辆或距离安全后，缓慢打开车门，再次观察后方，确认安全后，观察左后视镜，完全打开车门；先迈左脚下车，双手轻推车门（关闭车门时，忌猛关车门）。

30cm 如何把握？

困扰科目三学员最多的就是靠边停车，停车后车身距离道路边缘只要超出 30cm 就要面临扣分或不合格的噩运，那么如何做到刚好 30cm 呢？现在介绍两个小技巧。

1）开始绕车走一圈时，看下车和旁边的距离多远，然后起步之后，就往右边靠，看右边的后视镜，离 10cm 左右就往前开三四秒的样子停下来。

2）根据经验判断，由于车身大小不一样，当马路边缘在驾驶人视角中位于发动机舱盖 1/3~1/2 之间，就可以回正转向盘了。当然，如果距离太远，也可以根据情况再修正方向。

> **注意：**
>
> 1）车速一定要慢，一定要踩好离合器踏板，避免熄火，而且车速慢也方便调整车身与路沿石的距离。
>
> 2）踩离合器踏板、踩制动踏板停车，换空档，拉紧驻车制动器操纵杆，关闭转向灯，所有动作一气呵成。
>
> 3）一定要看后视镜！即使增加回头观察动作也不能忘记它，不看后视镜容易被扣分。
>
> 4）不要忘记回头观察！下车打开车门前不回头观察左后方交通情况等也会被评判为不合格。新规在科目三的考核中增加了很多"回头观察"操作，目的是为了增强驾驶人的安全意识。回头观察至少要将头转向肩后 45° 的位置，幅度太小容易会被判为动作不到位。

如此来看，科目三新规中并没有改变太多，只要平时多练习，应该没问题！

2. 靠边停车距离把握不好怎么办？

靠边停车在科目三中算是比较难的一项，尤其在评判要求严格之后更难了，稍不注意就被扣分或挂科，那么距离把握不好怎么办？

下面就来介绍四种判断车距的好方法，不妨试一试，看看哪一种更适合你。

1）先找到自己的点，也就是停车后离边线 30cm 的点，每个人身高不一样所以点也都不同，这个点可以让教练帮忙停好车离边线 30cm 距离后自己找到，可以用刮水器、车玻璃标志，或者车头位置对准边线就好，剩下就简单了，把车慢慢靠过去，用找到的点对准边线后回正方向，把车身摆正即可，停车前看下右后视镜，如果车门把手接近边线停车即可。

2）转向灯打够 4s 后向右打半圈方向，车头进入线内回正然后减速换 1 档，车头中心碰到路边线向左打方向带车身，观察后视镜看车尾跟路边线距离，合适了就停车。

3）停车不要选择距离较近的两车之间，要距离前车较远，最好在前面没车的地段停车，这样有更多的时间去调整。然后用变道的方式往边靠，车身与边线角度不要太大，否则摆正车身的幅度也会加大，不容易控制，尤其是新手！最后，从右后视镜看车身与边线距离，车速减慢，差不多就踩下制动踏板及离合器踏板停车。

4）看发动机盖圆镜，当感觉轧线时，右手向上推 90° 一下回正就行。

靠边停车时车速要放慢点，只要你没有拉驻车制动器操纵杆，发现没停好还可以继续往前开，慢慢调整。如果其他没问题，就算大于 30cm 也不要怕，放弃 10 分，一样过，不要慌！

二、评判标准

1）停车前，不通过内外后视镜观察后方和右侧交通情况，并回头观察确认安全的，不合格。

2）考试员发出"靠边停车"指令后，未能在规定的距离内停车的，不合格。

3）停车后，车身超过道路右侧边缘线或者人行道边缘的，不合格。

4）需要下车时，在打开车门前不回头观察左后方交通情况的，不合格。

5）下车后不关闭车门的，不合格。

6）停车后，车身距离道路右侧边缘线或者人行道边缘大于50cm的，不合格。

7）停车后，车身距离道路右侧边缘线或者人行道边缘超出30cm、未超出50cm的，扣10分。

8）停车后，未拉紧驻车制动器操纵杆的，扣10分。

9）拉紧驻车制动器操纵杆前放松行车制动踏板的，扣10分。

10）下车前未将发动机熄火的，扣5分。

第十节　科目三常见易错考点

一、常见易错点

1. 科目三考试转向灯

转向灯的使用是科目三改革的一个重点内容，新规前扣10分可能觉得无所谓，只要其他的能完成就能过，新规实施后，只要错误使用转向灯，就会被扣100分！

有的学员认为一个转向灯用错就挂科会不会太夸张，实则不然，小小转向灯却关乎着生命安全。

操作详情：

起步细节不能忘，驻车制动器操纵杆要放彻底，1、2档慢慢来开，起步，上坡，大急弯，进出环岛，掉头。最后靠边停车用1档，其他地方用2档，转向灯一个不漏。

1）总起步（开启左转向灯，换1档，按喇叭，放驻车制动器操纵杆）。

2）路口转弯：

①左转弯（开启左转向灯）。

②右转弯（开启右转向灯）。

3）路口转弯的车辆需要提前在30~50m处就开启转向灯。

4）掉头（开启左转向灯）。

5）出环岛（只需开启右转向灯）。

6）变更车道（变左打左，变右打右）。

7）靠边停车（开启右转向灯）。

注意事项：

1）转向灯要重开轻关，转向灯熄了再补上，一个转向灯不打、打错或打的时间少于3s

没感应到都扣 100 分，这就是新规最严厉的地方。

2）当然也不能长时间不关转向灯。动作完成后记得及时关闭，路考时凡转向灯开启后车辆行驶超过 200m 不关闭转向灯的，扣 100 分，也会判不及格。

3）靠边停车时的细节要想好，语音播出靠边停车就打右转向灯，减慢车速，想想拉驻车制动器操纵杆前靠边停车的右转向灯开过了没有，距离道边线要有 30cm 才能拉驻车制动器操纵杆，考试以拉驻车制动器操纵杆为结束。

2. 科目三回头观察

在 2017 年 10 月 1 日起执行的驾考新规中，科目三起步、变更车道、靠边停车、超车项目中增加了"回头观察"动作，在操作要求方面更加明确地解释了现行规定中"回头观察"的含义。

那么有了"回头观察"就不用再调整后视镜了吗？不是！

调整后视镜依然是上车后的准备工作之一。后视镜的调整是为了消除视野盲点。通过后视镜不仅能够看到车辆后部两侧的交通情况，还应适当看到自身的情况，这样可以更有利于安全驾驶。

先来看一下科目二和科目三后视镜调整的区别：

科目二是场地类道路训练，所以以地面点和线作为参照物来进行调整。

科目三是行驶在场地外的道路上，以安全行车的需要来调整后视镜。

科目三行车的时候必须使用 3 个后视镜。

具体调整方法：

1）左侧后视镜：车辆左侧车门前后门把手都能看得到，其中前面把手在镜片的最下沿。车体，也就是横向，用左右键来调整，车体占镜面宽度的 1/3，2/3 是要观察车辆左后方的交通情况的。

简单来说，左侧车门及其前后把手都能看得到，前把手就在镜片的下沿，车体占到镜面横向宽度的 1/3。

2）右侧后视镜：其调法与左侧相同，也是将右侧的前后门把手在镜片里都能看得到，其中前门把手在镜片的下边沿，然后用左右调整键调整车体占镜面的 1/4，注意这里是 1/4！

3）内后视镜：首先内后视镜要能看到车辆整个的后风窗玻璃，然后自己的右耳朵在内后视镜的左侧边缘位置，这样就调整好了。

调整好后视镜是顺利通过驾考的必备技能，希望学员们能够将其与"回头观察"动作相辅相成操作，这也是安全驾驶的重要保障。科目三其他科目只要根据指令操作，注意细节，一定没问题。

3. 零失误完成科目三换档操作

首先熟悉各个档位的位置，配合速度，轻收加速踏板，踩死离合器踏板先别急，稳 1s 转向盘再轻轻换档，防止跑偏！

换档时要记住的一点就是停车就换 1 档，这个不能忘。还有就是，加减档的操作以及遇到路口换 2 档，起步时离合器踏板不要松得太多以免发生闯动。

具体换档方法：

学员换档经常犯的错是把变速杆握得太紧，稍不注意就会换错档，1 档和 2 档手法差不多，1 档向前推，2 档向后拉，3 档向前推，4 档向后拉。

只要把手张开，每次换 1、2 档时稍稍用一点力从左往右推一下朝前或后就一定准，特别 2 档换 3 档时把手张开只要正向往前推，就不会出错，3 档挂 4 档只要用手指往后拉就行，4 档换 5 档把手转向右方往左一推。

练习一段时间，慢慢就有感觉了。

> **注意:**
>
> 　　1）1 档换 2 档没什么问题，因为直上直下！3 档换 4 档也没什么问题。容易挂错的是 2 档 3 档、4 档 5 档来回切换时，建议这两处档位切换时先回空档，再换档，这样就不会出错了！
>
> 　　2）在提示下一个项目是加减档时，先把速度提到 40km/h 然后换 3 档，换 4 档时后拉，然后再往前推就完成了。

换档时千万不能低头看档，这已经是老生常谈的问题了，其实想要把档位刻在脑子里，多练习就好了。

二、实战考试技巧

1. 新规科目三容易挂的地方

即使驾考通过率已达到新规前水平，但依然要注意这些易挂难点。想要一次性通过，就来看看秘诀吧！

科目三其实并不难，主要就是细节。

（1）三个容易忽略的细节

首先说几个容易被忽视的要点：转向灯、点制动、回头观察，这三个细节做好，就可以了。

转向灯的使用是新规的重点操作，只要你错误使用转向灯，就会被扣 100 分。

总起步（左转向灯）；路口左转弯（左转向灯）、路口右转弯（右转向灯），路口转弯的车辆需要提前在 30~50m 处就开启转向灯；掉头（左转向灯）；出环岛（只需右转向灯）；变更车道（变左打左，变右打右）；靠边停车（右转向灯）。

多观察是不会挂的，只有少观察才会挂；制动踏板踩多点是不会挂的，只有踩少了才会挂。

（2）模拟灯光

虽说模拟灯光考试时只要掌握了每个打灯的操作就可以，但是也不要过于放松，还是需要稍稍绷起一点神经，保持警惕，因为错一次就直接挂科了。

（3）直线行驶

直线行驶看起来简单，做起来难！没想到想保持直线行驶也不是件容易事，稍不留神就跑偏。此时学员视线一定要看远顾近，应握紧转向盘，并根据车速的变化调整方向，不要猛打方向，而是微调，做到早打、打多少回多少。

（4）换档

练车时多练档位切换，这很重要。档位熟悉、加速踏板控制熟练以后，其他都不是问题。

另外在考试过程中低头换档可是会挂的！

2.科目三考试最实用加分技巧

很多学员反映，自从驾考新规实施后，科目三反而成了最难项，光是看到新规标准就开始慌了！

实际上，新标准调整后，科目三的变化和调整力度最大，更加突出实际道路驾驶需要，主要是为了培养考生良好的驾驶习惯。在此总结了科目三考试中需要特别注意的细节技巧，希望能给参加考试的学员一点帮助。

上车准备工作和模拟灯光考试在此就不做详细讲述了，只要是认真练习的学员一般不会出错。

模拟灯光通过之后就开始准备上路了，检查好安全带、座椅位置、离合器踏板、制动踏板、加速踏板，就可以开始了（如果你身材较为娇小，可以自己带一个坐垫，不然离合器踏板踩不到底）。

（1）起步

准备起步，将离合器踏板踩到底，换1档，松驻车制动器操纵杆，慢抬离合器踏板，打左转向灯，有回头看的动作，汽车开始往前走，松完离合器踏板，起步完成。最好行驶5m之后踩加速踏板，踩死离合器踏板换2档，慢抬离合器踏板，以2档行驶。

看见红灯一定要提前减速之后停车等待，闯红灯也是直接判为不合格。

（2）转向灯

路上有转弯的地方都要打转向灯。

在起步、转向、变更车道、超车、靠边停车的操作中，此前的标准要求必须打转向灯，没有打转向灯的扣10分。但在新的标准中，此项要求更为严格，不打或错误使用转向灯的直接不合格。打了转向灯但时间未满3s就转向的直接不合格！

（3）行驶时速

人行横道、公交车站、学校区域，时速不能超过30km/h。新规施行后经过此类特殊地点不再有语音提示，需要学员自己去观察。直线行驶时速最好在30~40km/h，转向盘不能有太大幅度的转动，否则成绩不合格。

（4）回头观察

起步、变更车道、靠边停车、超车项目中增加"回头观察"动作。回头观察不能取代观察内外后视镜，而是要和内外后视镜互相配合。回头观察的头部扭动角度要求大于90°。

（5）加减档操作

先踩加速踏板提点速，踩死离合器踏板，加至3档、减至2档慢抬离合器踏板，很简单，一步到位。

（6）靠边停车

接下来就是靠边停车了，打右转向灯，回头看，之后换1档，踩死离合器踏板带点制动减速，看好点之后，踩死制动踏板，拉紧驻车制动器操纵杆，换空档，熄火，开启汽车危险警告闪光灯，解开安全带，开车门之前往后看，确认后方无来车之后打开车门，下车，关闭车门（15s 内没关好车门直接判为不合格）。

注意：

（1）模拟灯光别抢别超时

模拟灯光必须仔细听题，必须在每个语音播报完毕后，在 5s 内做出相应的操作。远近光交替慢一点让电脑能感应到。

（2）注意档位

1 档换 2 档，手腕贴在左边直拉下来，2 档减 1 档，一样手腕贴在左边直推上去。1 档换 2 档、2 档换 1 档都别再拨回中间了，非常容易换错档。

3、4 档选择在下坡的直道一并来换，每个档走 5s 就够了，全程还是 2 档用得最多。注意跟车距离，尽量跟远些。考试路线还会有大车出入，注意避让。

（3）转向灯正确使用

转向灯记得打重一点，为避免跳回可以用手按着，关闭时轻一点拨就回位了。

在靠边停车中，语音播报靠边停车后右转向灯别忘打，拉驻车制动器操纵杆前，右转向灯补上也有效。

> **注意：** 总起步、左转弯、右转弯、掉头、超车、变更车道、靠边停车别忘了打转向灯，转向灯打开要持续 3s 以上，再进行转向。

另外，科目三在 2017 年 10 月驾考新规中新增：直行通过路口、左右转弯等项目不主动避让优先通行的车辆、行人、非机动车的评判为不合格。当然这也是汽车文明社会和安全驾驶的实际需要。

驾考真不是看技术好坏，而是考细节，懂得考试规则，如果你的考试心态好，那么这些细节和规则都可以掌握得很到位，一旦心态不好出现紧张慌乱，那么距离挂科也就不远了。所以科目三并不是变难了，而是变得对学员的安全文明驾驶意识更加重视了！

3. 科目三难点逐一攻破

科目三因新规实施后刷新了超高挂科率，成为学员们最担心的一个科目，想要通过科目三考试，每一个细节动作都要注意。这里为大家总结了科目三考试中的难点，希望能帮到大家。

（1）开的时候手脚总是不协调？

新手一般都会有手脚不协调的现象，练车练久了，自然而然地会形成记忆，该做什么动作它马上就会下意识地作出反应，这就是所谓的熟能生巧。

（2）开车总感觉车开不直，有没有好的方法？

感觉车开不直，也可能是视线放得太近了，教练经常对大家说"开车要看远处，不要老看近处"，学员们把视线放到前方 100m 以外，转向盘不要握得太紧就好。

（3）通过学校等特殊地点需要减速时是不是必须减档？

通过学校区域、人行横道、公交车站车速不超过 30km/h 就好，路过学校区域 2 档只要踩制动踏板让感应器感应到就行，轻重程度看个人，主要是让系统感应到减速了，不用换档！

> **注意：** 新规实施后已经取消对这些特殊地点的语音播报了，要靠自己用眼睛去判断！

（4）档位不匹配会不会挂科呢？

新规后1档只用来起步、掉头，然后2档行走，加减档换2档进入只会要求你加到3档，达到规定距离后退回2档行驶。

档位不能长时间不匹配，否则安全员会警告，警告两次就会挂科，所以一定要注意！

只要用心练习，相信大家都可以顺利过关！如果遇到不懂的，记得跟教练勤沟通，他可以助你迅速掌握驾驶技巧！

第五章

机动车驾驶
科目四
考试

第一节　科目四考试内容及考试流程

一、考试内容占比

1）安全行车常识占 20%。

2）文明行车常识占 18%。

3）道路交通信号在交通场景中的综合应用占 8%。

4）恶劣气象和复杂道路条件下安全驾驶知识占 16%。

5）紧急情况下避险常识占 12%。

6）典型事故案例分析占 6%。

7）交通事故救护及常见危险化学品处置常识占 10%。

8）地方试题占 10%。

二、考试流程

科目三安全文明知识考试也叫科目四，是学习驾驶最后一个考试项目。通过这个科目，学员就能拿到驾驶证，顺利变成一名合格的驾驶人！

那么正在准备科目四考试的你知道该怎么预约和考试吗？下面就为大家详细说明。

1. 考试预约及流程

1）学员在通过科目三路考之后，就可以上网登录公安部交通安全综合管理服务平台，预约安全文明知识考试了。

2）预约成功后，根据所预约的考试时间，前往车管所指定地点参加考试。

3）等到了预约日期当天，学员带着本人身份证和学员证（有些地区仅需要身份证）在科目四考场外有序等候。

4）当广播发出通知轮到你考试时，立即赶往指定考场，按照工作人员安排的编号入场，找到自己的座位，准备考试。

5）入座后输入本人身份证号码并确认信息，信息核对正确后即可开始考试。

6）安全文明知识考试的时间为 30min，注意把握好每道题的答题时间，一般都能提前做完。

7）完成考试后，切记要点击"交卷"按钮并确认交卷，系统将自动显示你的考试成绩；如果忘记点击"交卷"，则此次考试无效。

8）若考试成绩合格，现场签字确认成绩后即可离开考场；若考试成绩不合格，可选择下场补考或再行预约。

2. 考试注意事项

1）坐姿端正，保证面部能被摄像头抓取到。

2）可以不按照顺序答题，但是每一道题只有一次选择的机会，只要选择点击答案成功以后就不可以重新更改答案。

3）若还未完成答题已错 5 题，系统将自动关闭本次考试，并提示本次考试不合格，学员需要重新预约补考。

4）驾考新规后，考试题型有了变化，多选题由5道改为10道，做题时切勿漏选或多选。

第二节　科目四考试合格标准

科目四考试满分100分，90分合格，总共50题，一题2分，分为判断题、单选题和多选题，自2017年10月新规实施后，多选题已由5道增加到10道。

由50题组成的科目四考卷，新规实施后多选题占比1/5！多选题多选或漏选都会被扣分！为防止漏掉选项，要一个一个筛选。多选题数量增多，难度也相应增大。

第三节　科目四考试技巧及注意事项

一、考试技巧

1. 科目四考试通关技巧

无论新规怎么变，驾考理论考试的考核重点依然是那些，只不过更加侧重于理论结合实际的一些题目，所以掌握科目四考核要点很重要。

科目一涉及安全文明驾驶常识内容全部调整至科目四安全文明驾驶常识考试项目中，因此科目四中安全文明驾驶的比例增加了。

主要内容：各类天气的驾驶注意事项；各类道路标志、标线的注意事项；车辆遇到危险时的注意事项；各类交通信号灯的含义；交通警察手势的含义；运送伤员的注意事项；特殊路段的注意事项；车辆灯光的使用等。

（1）各类天气的驾驶注意事项

无论是雾天、雨天、雪天都要减速行驶，在没有特殊情况下都要靠右行驶，遇到救护车、警车等车辆必须让行，开启危险警告闪光灯、前照灯、雾灯等，停车时要注意开这几种灯。

（2）各类道路标志、标线的注意事项

这几项无非就是遇到前面有信号灯、行人、学生、公交车、自行车、路边不能停车、路边不能上下人、遇到人行横道时要减速、遇到野生动物要注意慢行。车辆起步前要注意：向左看后视镜，按喇叭，打转向灯。在正常行驶时不能越实线超车，也不能在实线处掉头。

（3）车辆遇到危险时的注意事项

车辆着火，要立即关停发动机，把车停在不影响交通的地方将火熄灭，不能打开机舱盖救火。车辆碰撞，当已经确认碰撞不可避免时，驾驶人要立即踩制动踏板，两腿缩起、身体向后靠，如果碰撞在驾驶人这一侧，驾驶人也可以向副驾那边靠。车辆掉到水里，不要立即打开车门，等到水进入车内快满时打开车门或打碎玻璃逃生。行驶中车辆制动踏板失灵，注意不能惊慌失措，要充分利用抢低速档进行减速，这时不能用驻车制动器。行驶中熄火，这时一般车辆的速度都较高，不能立即急踩制动踏板，要缓踩制动踏板，靠路边停车检查并将必要的灯打开。行驶中车内灯全部熄灭，车里的灯全部熄灭说明线路有问题，这时也要停车检查，并在车后放置标志。

（4）各类交通信号灯的含义

一般我们对红灯、绿灯、左右转弯灯都比较熟悉。

其他的特殊信号灯：黄灯（当黄灯闪烁时可以看一下道路上是否有车辆行人，慢速安全通过）、圆红灯（圆红灯亮时，如果车辆向右转弯则可以通过，其他方向都不行）、火车道处的红灯（亮时要停止等待）。

（5）交通警察手势的含义

交警的手向哪里指，你的车就到哪里去，当交通信号灯与交警指挥不一致时，要服从交警的手势。

（6）运送伤员的注意事项

出血的要靠近心端包扎（不能用麻绳），骨折的不能让其走动。

（7）特殊路段的注意事项

过水路面要慢行，隧道要慢行，打开近光灯，上坡时下坡车要让上坡车先行，在前方有障碍时，无障碍的一方先行。

（8）车辆灯光的使用

只要转弯都要打转向灯，在夜间行车跟车开近光灯，隧道要慢行，打开近光灯，提示前方车辆时要交替使用远近光灯。

2. 新规科目四备考攻略

新规实施后，每一科都有了变化，科目四作为驾考的最后一关，备考学员们更是不能忽视。

科目四有以下重大变化：

1）安全文明驾驶考题比例增加。

2）科目四考试多选题由 5 道增加为 10 道，即 41~50 题均为多选题。

那么，面对这么多的变化，我们该如何准备科目四考试呢？

（1）试题分类归纳

考试知识应结合题库学习，将该懂的、该理解的、该背的进行分类，重点问题要明白，不能死记硬背；在弄懂的基础上记忆，但不能单纯背题库。重点应放在一些容易模糊的问题上，在理解的基础上加深记忆，可起到事半功倍的效果。

（2）加强多选题训练

多选题比例增加，本就由 50 题组成的科目四考卷，新规后多选题占比 1/5！而多选题多选或漏选都会被扣分，所以难度增加了，需要学员们加强对多选题的训练。

（3）找出相近试题

题库中有许多相近的试题，容易产生混淆，这就需要拿出来进行归纳分析。如交通标志中步行、徒步、注意行人、人行横道和注意人行横道的图案都很相近，容易混淆，学习时，要把它们进行归类，这样才不容易出错。

（4）找到记忆技巧

题库中有很多试题带有数字，可对数字进行归纳，也可以自编成顺口溜，方便记忆。

以上是有关科目四考试的备考攻略，希望能给大家带来一些帮助！

3.科目四多选题答题技巧

如果在最后一科不通过，想必都很不甘心。其实，在前三科通过以后，最后一科反而不能放松。

科目四共有50道题，一题2分，错6题就不及格了。有不少学员抱怨太难，但也有些人说很简单，只要攻克主要的难题就行了。

多选题答题技巧：

多项选择题是整个科目四考试中最难的题型，也是决定最后成绩高低的关键。别认为这部分的复习和其他部分一样——都靠记忆。

想要在这部分取得好成绩，简单地记忆知识点是不够的。需要运用到一些做题技巧，比如对比选项法、排除法等。

简单来说，对比选项法就是，有一类型的题目，虽然四个选项的表述都是正确的，但是这四个选项中，有的选项和题干无关，这样的选项是不能选择的。

这些应对多项选择题的技巧，需要学员在平时练习时多总结和归纳。

以上是有关科目四考试的相关技巧，还是要提醒大家，如果遇到不懂的题目，一切以"安全"为主进行答题。

当然，能够使用以上答题技巧的前提还是要在驾考宝典App上刷题！备战科目四的学员们请尽快根据最新题库进行学习。

4.科目四考试注意事项

科目四和科目一考试是一样的，都属于理论考试的范围。但是，总的来说科目四比科目一要简单，我们一起来看一下科目四都有哪些需要注意的。

（1）仔细审题

在进入考场考试时要注意看清题，有很多时候，题目与平时做的表面一样实际上不完全一样，顺序可能不一样，要求也有可能不一样。所以平时做题不能只记答案，却不搞懂其中的原因。

（2）点击鼠标要小心

点击鼠标时要注意不能连击，点一下即可，当点击下一题时上一题即使错了也不能改了，当题目不能确定时可以先不做，等其他题目做完了再回过头来看看。

科目四顺口溜

车行路上万千事，件件应在预料中。
路口转弯以灯示，红灯立停绿直通。
变道行车看标记，行停头脑应灵光。
限速行驶有规定，此时不宜加档冲。
若遇弯道先减速，减速减档油全松。
减至三档稳住油，弯过再把油门轰。
超车道上不减档，减档停车靠边弄。
紧急情况不受限，确保安全出万方。
弯道快行莫急刹，急刹方向必反弓。
猛打猛回是大忌，两者后果似一桩。
行近坡顶油减半，判明路情通不通。
路侧一险不近险，路侧均险走道中。
前途不明莫急行，复杂路况别瞎蒙。
转弯进洞均需慢，超车更要视野空。
各种情形道不尽，限速四十走始终。
东西南北道不同，本领高强通四方。
能行则行莫强行，变道后视打灯光。
入道车正灯须闭，依法行车如行风。

（3）**对准摄像头**

在考试时一定要让摄像头对准自己的面部，因为在考试时要抓拍几张照片。如果抓拍不到正面照片，考试算不合格。

（4）**考试结束走流程**

考试结束后不能立刻就走开，要等着签字，这是对考试成绩的确认，最后就是宣誓。这里的每一步都不能少。

5. 四种答题技巧

知识点背得滚瓜烂熟，不懂答题技巧，想一次性通过也没那么容易，所以一定要掌握答题技巧！

（1）**看关键词**

答题时无论什么题目，都要考虑到"安全第一"，应以"安全行车，文明驾驶"为原则。

（2）**先做练习题**

科目四与科目一类似，最有效的方法是多做驾考宝典中的题，做的次数越多，见的题型越多，考试时才不会慌乱。顺序题做完，再做模拟题，每天坚持做驾考宝典中的题 10 套以上。

（3）**刷错题**

按顺序把所有题目做一遍，做完以后，对的题目不用管，错的题使劲刷，多刷几次就会了。如果有的题目感觉不对，要理解性记忆，实在记不住就死记硬背吧！

（4）**调整心态**

做好以上准备后，考试时只要心静，不慌乱，仔细审题，坚定必胜的信念，一定会拿到驾照的。

正所谓勤能补拙，多做题目，反复练习，一般都能过，成功是给有准备的人！已经考到科目四了，就加油吧！驾照就在眼前！

6. 教你三招快速掌握科目四交警手势题

理论考试中需要学员去记忆的交通信号有很多，除了交通信号灯、交通标志、交通标线外，尤其难记的当属交警手势类题目了，总共有八种类型，学会如何巧记就很重要了。下面来说说如何巧记交警手势。

（1）**巧记小妙招**

一看脸，二看手势，动哪只胳膊就是往哪边转弯，脸对着哪边就是在指挥哪边。

哪只手摆动就是让你往哪个方向拐弯，手竖起是停车等待，手心向下是减速，单个手臂向哪个方向摆动，就是往哪个方向变道。

交警只要不是看着你，就是停车等待。看着你向你举手就是停车。两只手在左边就是左转，在右边就是右转。

（2）**死记硬背**

先尝试去理解性记忆，可以对着图自己动手多练练就能记住了。实在记不住就只能多看题目死记硬背了，手势就八组，死记硬背很容易。

（3）放平心态

交警手势就一两题，最多 4 分，别的过了就好了，考试时主要考的那几个手势都是很简单的，基本只有左转、右转和直行、停止。心态好最重要。

二、事故急救类题

科目四题库数量较大，想要全部记住还需要分类记忆，这里简单分类一下事故急救类题型，希望大家能尽快记住。

车辆在行驶过程中，一旦出现危险情况，应该采取哪些急救措施？

1）搬运昏迷失去知觉的伤员要采取仰卧位。

答案：错

试题详解：正确的做法是，首先开放气道，再采取去枕仰卧位，头偏向一侧，保持呼吸道通畅，以防窒息。记住首先是开放气道，再采取仰卧位。

2）在没有绷带急救伤员的情况下，以下救护行为中错误的是什么？

A. 用手帕包扎　　　　　　　　　　　B. 用毛巾包扎

C. 用棉质衣服包扎　　　　　　　　　D. 用细绳缠绕包扎

答案：D

试题详解：首先看清题意，问的是错误的做法。明显细绳不能用来包扎伤口，因为细绳表面不是平整光滑的，也不够柔软，只会让伤口更加严重。所以本题选 D。

3）救助全身燃烧伤员应采取哪种应急措施？

A. 用沙土覆盖火焰灭火　　　　　　　B. 向身上喷冷水灭火

C. 用灭火器进行灭火　　　　　　　　D. 帮助脱掉燃烧的衣服

答案：B

试题详解：救助全身燃烧伤员采取的最安全的方式是向身上喷冷水灭火。其他方式或多或少会对伤员有害或加重伤情。首先大家要明确，燃烧过后人体皮肤已经受损，而沙土上附着的病原体会感染受伤者的皮肤，事后清理和后续治疗也会相当麻烦；灭火器喷出的灭火剂也可能会对受伤皮肤造成伤害；脱去受伤人员燃烧的衣服可能对其皮肤造成二次伤害。因此本题选 B。

4）怎样抢救脊柱骨折的伤员？

A. 采取保暖措施　　　　　　　　　　B. 用软板担架运送

C. 用三角巾固定　　　　　　　　　　D. 扶持伤者移动

答案：C

试题详解：应该是原地固定等待专业救护人员。脊柱骨折被移动很有可能将导致高位截瘫，用三角巾固定是其中最安全的措施。所以本题唯一可以选的就是 C 了！

5）伤员骨折处出血时，要先固定，然后止血和包扎伤口。

答案：错

试题详解：伤员骨折处出血，应该是先止血消毒包扎再固定。

以上是有关于科目四事故急救类题型常见题，科目四考试总体不难，只要大家把所有题目做一遍，把错题集做一遍，相信就可以通过了。

三、科目四记忆技巧分类

临近科目四考试，做题的准确性直线下滑，一度怀疑自己是进了假的备考冲刺期。

其实好的记忆方法是能帮助大家在短期内快速提分的，现在来跟大家分享一下高分学霸们的学习方法吧。

1. 理解性记忆

理论学习是成为驾驶人前最重要的环节之一，虽然题量庞大，实际上大部分内容都可以结合实际来理解并记忆。

看起来有一千多道题目需要记忆，实际上有些题之间是有关联的，把它们串起来记忆，抓住问题的本源去理解，并能举一反三，很快就能掌握所有类型的题目。

2. 归纳总结记忆

归纳总结对于理论考试来说有着至关重要的作用，自己随手总结必考点，这样记忆，比见一个记一个强。

例如关于违法扣分类的题目有很多，就可以这样记忆。

扣 12 分：车型不符，遮假无牌，酒后驾驶，营运超载，无罪逃逸。

扣 6 分：驾驶证被扣押期间驾驶，违反交通信号灯，违法占用应急车道，隐瞒欺骗方式补领驾驶证，不按规定避让校车。

3. 顺口溜记忆

这种方法好玩又好记，记住一些考友技巧总结，也许在考试中真的能帮你一把。

4. 卡片式记忆

做题量不在于多，一定要把做错的给弄明白了才行，把经常做错的题在考前多练习几遍，加深记忆。

顺口溜

能停就停，能帮就帮，能让就让。

只有违法，没有违章。

人行横道上，别停车掉头。

右转让左转，转弯让直行。

下坡不要换空档，空档不容易换档，不超车。

上坡超车找宽路。下高速，先减速，再匝道。

雨天路滑车速慢，看不清楚靠边停。

雨雪雾，开近光，停车开启示廓灯、警告灯。

指示牌，黄色慢，红色停，白色辅助绿色行。

实线不越虚线越，障碍物前多让路。

第六章

驾考能力
提升篇

第一节　驾驶证考试政策动态

一、科目一和科目四为何分开考

理论考试也是驾考的重要环节，历来受到学员们的重视，但是很多学员一直不理解，为什么都是理论考试，还要分为科目一和科目四来考两次呢？

接下来，我们就来介绍一下科目一与科目四的区别都有哪些。

1. 侧重点不同

科目一考试更注重基础知识，并将各种仪表功能和指示灯的了解作为考查重点，考查理解力。

科目四考试主要考核安全文明驾驶要求和复杂条件下的安全驾驶知识等。

别以为科目四和科目一的题目都差不多就不重视科目四了，其实科目四更加注重考核驾驶人的实际操作技能。"安全文明驾驶常识考试"的重点在"安全"与"文明"这两项基本原则上（同时也是所有答案的答题原则）。

2. 考试题型不同

科目一考试：100 题，每题 1 分，考试时间为 45 分钟，满分 100 分，90 分合格。

题目以情景模拟题为主，大部分考题以图片、图标的形式展现，使考生感到仿佛进入了实际道路情景中，更贴近实际交通状况。题型为判断题和单选题。

科目四考试：50 题，每题 2 分，考试时间为 30 分钟，题目以案例、图片、动画等形式为主，满分 100 分，90 分合格。题型为判断题、单选题和多选题。

这么看来，科目一和科目四还是有差别的，在准备考试时学员们应该针对不同的内容有所侧重，更不能因为科目一已经通过而轻视科目四的考试。

二、驾考又有新动作

1. 公安部推出 20 项交通管理"放管服"改革新举措

2018 年 6 月底，公安部发布了 20 项交通管理"放管服"改革新举措，并说明了简捷快办、网上通办、就近可办等 20 项交通管理"放管服"改革新措施，9 月 1 日起全面启动推行。那些政策中有哪些是与我们息息相关的呢？

新举措更加方便办理驾考等业务，在改革窗口服务方面推出四项，实现"一次办、马上办"，申请材料四个减免、18 类业务一证即办、普通业务一窗办、个性服务自助快办，很多业务只要持身份证即可办理，不需要再为各种申请资料而发愁。

尤其对于准备学车或已经拿本的新老司机来说，初次申领、换证、补证等车驾管业务凭本人身份证明一证即办。

2. 取消临时居住证报名

《上海市居住证管理办法》（沪府令 58 号）规定，上海临时居住证于 2018 年 1 月 1 日取消，已经办理的临时居住证仍然有效，而到期后则不再续办。

所有非沪籍居民在上海报名学车都需要提供上海市居住证或上海市临时居住证，如今新法令出台，就是说以后非沪籍居民在上海申领驾驶证，需要提前半年去办理居住证，才有资格报名学车！

3. 培训学时与公安考试系统对接

2017 年 12 月 1 日起，江西省上饶市运管局推出的驾驶培训监管服务平台将与上饶市公安局交警支队的公安考试系统联网正式启动对接工作。也就是说，科目二、科目三学员需要完成有效学时训练后，才能自主约考，如果培训学时不满，约考系统将提示不能申请预约考试！

2017 年 11 月 25 日前已通过科目一考试的，视为老学员，未通过科目一考试的，视为新学员。

4. 驾校学车计时培训收费

辽宁省阜新市从 2017 年 12 月 20 日起，启用机动车驾驶人计时培训模式。学员在学车培训阶段，按照"一人一车"、签到签退、验证身份、记录学时的方式进行操作培训。各驾校将会采取"计时培训、计时收费、先培训后付费"的服务模式。

计时收费也就意味着学员所耗费的时间成本和金钱成本也将越来越高，如今已成为势在必行的一项决策！

5. 驾考可微信预约

2017 年 12 月 6 日起，山东省青岛市车管所在其微信平台推出了预约驾考功能。市民足不出户就能办理预约考试等多种业务。

最后，在此提醒学员，现在正是驾考改革的高峰期，随着各项新规逐渐落地，考试难度必然逐渐提升，拿证周期也会因难度增加和计时学车的原因被逐渐拉长，在这些因素的推动下，费用上涨更是毋庸置疑！

三、 强化驾培市场监管要求驾培必须签合同

2017 年 10 月新规实施后通过率普遍下降，后又传出学车费用上调。而新修订的《江西省道路运输条例》（以下简称《条例》）于 2018 年 1 月 1 日正式实施，明确提到了驾驶人培训机构。

《条例》对于机动车驾驶人培训机构的经营行为和驾培市场秩序进行了进一步规范，在保障学员利益的同时在安全文明驾驶方面取得了显著的成果。

关于驾驶人培训机构的主要内容如下：

> **第四十六条　机动车驾驶人培训机构应当遵守下列规定：**
>
> 1）与学员签订书面的培训服务合同，明确培训方式和内容、收费项目和标准以及双方的权利义务等内容。
>
> 2）在核定的教练场地进行驾驶培训，用于教学的车辆应当符合国家标准、取得牌证、具有统一标识，并按照有关规定维护和检测。
>
> 3）按照国家统一的教学大纲规定的培训内容和学时进行培训，并向考核合格的学员颁发国家统一式样的培训结业证书。
>
> 4）使用符合国家技术规范的计时培训系统，如实记录、储存培训信息，并向当地县级道路运输管理机构上传培训记录。
>
> 第四十七条机动车驾驶人培训机构应当聘用与其培训业务相适应的教练员，并将教练员信息报送当地县级道路运输管理机构。
>
> 教练员应当规范施教，不得向学员索取、收受财物或者谋取其他利益。

2017年驾培频频改革，如今又有新变化！教练太"黑"、学时太长、乱收费……这些以前学车遭遇的烦心事儿，正在逐步得到解决。那么本次学车新变化对驾校学员都有什么好处呢？

（1）签订正规合同保障学员利益

目前，很多驾校都出现学员交完钱，却对驾驶培训的内容、收费项目、培训方式等并不了解的不良现象，导致学员在学车过程中很容易与驾校发生纠纷。

其实这些信息不对称都是因为在学车前没有与驾校签订正规合同，导致学员的利益得不到保障。针对这类问题，《条例》明确规定了驾校应与学员签订书面的培训服务合同，让收费更加透明。

（2）学车更规范，安全有保障

现在依然存在大量条件不足的驾校招生情况，有些驾校的教练车、训练场等都存在不小的安全隐患，甚至连培训项目与考试项目都不匹配，导致很多学员无法在驾校内接受完整的培训，几乎是直接盲考。

这不仅影响学员学车进度，也会影响驾校的整体名誉。

《条例》规定，未让学员在核定的教练场地进行驾驶培训的将被处五千元以上二万元以下罚款，情节严重的，由原许可机构吊销其经营许可证；使用不符合要求的教学车辆的，由县级以上道路运输管理机构责令限期改正；逾期未改正的，处一千元以上三千元以下罚款。

《条例》对于教学车辆以及教学大纲进行了规范，在提升驾考通过率的同时也保障了学员的安全。

（3）强化教练员管理、减少"马路杀手"

教练员态度不好、乱收费和要求学员送礼请客吃饭的情况频繁见诸媒体。有些学员甚至为了快速拿驾驶证，和教练员一起进行学时造假、考试作弊等，导致"马路杀手"越来越多。

现已在很多驾校推行的"先学后付"就是约束教练员的一个模式。新《条例》建立对教练员的规范机制，为学员们提供了一个公平、公正的培训考试环境，减少了"马路杀手"。

四、 驾考学费涨价成趋势的原因

驾考新规实施以后的学车费用＝理论培训费820元＋实操培训费6240元＋考试费＋模拟费＋体检费等，总费用即将破万元！

对目前还没报名的学员来说，这简直就是晴天霹雳！因为大家都知道，现在考驾驶证涨价已经成为必然趋势，还没报名的确实该早做打算了。

1.驾校经营成本增加

新规实施后，各驾校都按照驾考新标准和内容进行场地改造和系统升级等工作，经营成本也相应增加，因此价格上涨是必然的趋势。

2.调价控制学员积压

受驾考新规影响，全国各地驾校报名学习的人数明显增长，由于各科目均有变动，即使是老学员也需要重新对新内容进行学习，进而导致驾校教练员时间紧张，学员们约课练车更难，学员无法及时练车考试，因此也就积压了大批的学员，通过涨价解决目前积压状况也是驾校的方法之一。

3. 难度升级

驾考新规实施后，导致各地出现"团灭"现象。

从练车情况来看，科目二学员挂科的主要原因是超时、转向灯、车辆停止后车身距离路边缘线超出 30cm 等，而科目三学员挂科的主要问题出在灯光、调整档位、回头观察和语音提示上。考核标准更注重细节，稍微不注意就会挂科！

以后的驾考将会更加贴近实际驾驶，培养学员的安全驾驶意识，因此也就会越来越难。

综上所述，如果你所在城市的驾校还未涨价，那么还在犹豫报名的你一定要抓紧时间报名了，等价钱涨了，再报名难免后悔！

五、 新规实行后，已约学员与未约学员的做法

驾考新规总是突袭，让很多学员表示不知如何是好，这种尴尬时刻到底应该做好哪些准备？就如 2017 年 10 月新规来袭前，为了更好地贯彻落实驾考新规，确保新规实施后教学训练和考试工作不受影响，造成了大面积停考，全国各地的考场都陆续在 2017 年 9 月底停止了考试。

约考早已难上加难，再遇新规到底应该如何做？

1. 停考期间取消预约

由于停止考试，部分在之前已经预约成功的学员恐怕要面临着取消预约考试的噩运。一旦拖到新规以后，科目二、科目三就会按新规考试！这就意味着学员们也要按新规再学一遍。

2. 暂未停考地区立即预约

公布停考通知地区的学员已经陷入了"被迫取消"的尴尬境地，暂未公布停考地区的学员，报名后赶紧预约吧！

毕竟各地区系统升级的时间不是固定的，没准还能赶上最后一趟末班车。

3. 新规后预约更难

驾校积压了新规实施前报名的学员，新规后预约人数会达到顶峰！

这就要求驾校提高培训质量，尽快适应新规标准，缩短学员毕业周期。同时学员也要认真练习，争取提前预约！

新规实施，系统升级！目前各地驾校陆续在做应对新规的准备措施，广大学员们大可静观其变，不要乱了练习的节奏，同时也要持续关注新规，随时留意驾校通知！

虽然驾考越来越严，只要跟着驾考宝典 App 认真学，还是可以通过的！

六、 驾驶人考核标准统一按新规执行的注意事项

关于驾考新规，有部分学员依然存有疑虑，下面就针对新规给新老学员答疑解惑。

1. 新学员和老学员如何考试？

从驾考系统升级后起，将正式按照新的驾考规定执行，新学员将依次按照新的驾考要求

参加考试。

驾考未考完的学员也很有可能按照新规要求进行考试！所以还没考完或即将面临补考的学员们要时刻注意自己所在驾校发出的通知。

2. 约不上考试怎么办？

一旦停考，在系统升级前后，将有一大批新老学员同时进入系统预约。

能不能顺利在停考前考试，只能看运气。被挤到新规实施后预约的学员，也不要过度紧张，因为还有很多人与你"同命相连"。

3. 老学员是否要重新培训？

对于之前已经进行练车但还未约考的老学员来说，新规的到来是一个"噩耗"。新的评判标准对于很多项目的规定都更为详细，更贴近实际道路驾驶技能的考核。

这意味着老学员不仅要摒弃之前的驾车习惯，而且要把新标准操作规范融入到练习中。

4. 通过率会降低？

当然各位学员也不要过度紧张，驾考新规只是从细节驾驶动作来考核学员的安全文明意识，在难度方面并不会有太大的变化。

如果科目一、四在驾考宝典上多练几套题，科目二、三能在教练的指导下认真练习，并且提前通过驾考宝典 App 熟悉考试语音模拟，顺利考过也不是不可能的事情。

七、 最新驾考流程和报考条件

想学车，但不知道考驾驶证流程是什么，学车费用多少钱，自己符不符合报名条件，相信很多人第一次准备考驾驶证都是一片迷茫。

为此，特意给大家介绍最新最全的驾考流程和报名条件。

1. 学车流程

选驾校→报名→科目一→科目二→科目三→科目四→拿本→新手上路。

2. 选驾校

打定主意要学车了，首先就要开始找驾校，驾校那么多，该考虑哪些因素？

注意事项：选择正规的驾校，了解收费情况、项目具体有哪些、培训教练如何安排、练车时间和考试时间安排、是否有接送或班车服务、退学或转学的手续和退费等。

3. 报名条件

18岁以上，身高在150cm以上；无红绿色盲；两眼裸视力或矫正视力达到对数视力表4.9以上；听力佩戴助听器两耳分别距音叉50cm能够辨音源；双手拇指健全，每只手其他手指必须有三指健全。

4. 报名材料

提供身份证复印件、居住证复印件、本人照片、体检表、居住证，不同地区要求有所不同。

5. 学车费用

学车费用包括：档案费、体检费、拍照费、驾校培训费、考试费、驾驶证工本费、补考费。

需要重点关注的是，很多城市已正式开启"计时收费"，学时未满不可预约考试，具体收费标准可参考下表。

项　目	时　段	学时单价	基本学时
驾驶模拟	普通时段	130 元 / 学时	12 学时
	高峰时段	180 元 / 学时	
	节假日时段	180 元 / 学时	
基础和场地驾驶（科目二）	普通时段	130 元 / 学时	16 学时
	高峰时段	180 元 / 学时	
	节假日时段	180 元 / 学时	
道路驾驶（科目三）	普通时段	130 元 / 学时	24 学时
	高峰时段	180 元 / 学时	
	节假日时段	180 元 / 学时	

计时收费标准各地稍有差异，上下浮动在 20~50 元。

一旦补考，费用将大幅提升！科目二或科目三挂科后要培训 10 个学时才能参加补考，也就是说科目二或科目三的一次补考费用约为 1300 元。

6. 驾考内容

（1）科目一

考试说明：

试卷由 100 道题目组成，题型为判断题、单选题，考试总时间为 45min，满分 100分，90 分以上合格，不合格者当场可重考一次，重考仍未通过者，间隔 20 天以后重排考试。

考核内容：

新规实施后，科目一涉及安全文明驾驶常识内容全部调整至科目四考试项目中。

试题内容		组卷比例		
		大型客车、牵引车、城市公交车、中型客车、大型货车	小型汽车、小型自动档汽车、残疾人专用小型自动档载客汽车、三轮汽车、低速载货汽车	普t通三轮摩托车、普通二轮摩托车、轻便摩托车
通用试题	驾驶证和机动车管理规定	15%	20%	20%
	道路通行条件及通行规定	10%	25%	34%
	道路交通安全违法行为及处罚	30%	25%	26%
	道路交通事故处理相关规定	10%	10%	10%
	机动车基础知识	10%	10%	无
	地方性法规	10%	10%	10%
大中型客货车制动系统与安全装置知识		15%	无	无
合计		100%	100%	100%

注：轮式自行机械车、有轨电车、无轨电车准驾车型的试题内容比例由省级公安机关交通管理部门确定。

（2）科目二

考试说明：

考试满分 100 分，80 分以上合格，不合格者当场可补考一次，补考未通过间隔 10 天以后重新预约考试。

考核内容：

1）倒车入库；

2）坡道定点停车和起步；

3）侧方停车；

4）曲线行驶；

5）直角转弯。

注意： 部分城市增加窄路掉头、停车取卡等项目。

限时内容：倒车入库限时 210s、侧方停车限时 90s，如未在规定时间内完成，直接评判为不合格。中途停车由不合格改为每次扣 5 分：倒车入库、侧方停车、直角转弯。

（3）科目三

考试说明：

考试满分为 100 分，成绩达到 90 分为合格。

科目二、科目三考试，如果第一次不合格，都有一次当场重考的机会。不算在预约次数内，而正常的预约次数不得超过 5 次，如果 5 次预约仍不合格的，已考试合格的其他科目成绩作废。

考核内容：

科目三包含上车准备、起步、直线行驶、加减档位操作、变更车道、靠边停车、直行通过路口、路口左转弯、路口右转弯、通过人行横道线、通过学校区域、通过公共汽车站、会车、超车、掉头、灯光模拟 16 项驾驶技能。

（4）科目四

考试说明：

试卷由 50 道题目组成，题型为判断题、单选题和多选题，满分 100 分，90 分以上合格。不合格者当场可重考一次，重考未通过者，间隔 20 天以后重排考试。

考核内容：

试 题 内 容	组卷比例
安全行驶常识	20%
文明行车常识	18%
道路交通信号在交通场景中的综合应用	8%
恶劣气象和复杂道路条件下安全驾驶知识	16%
紧急情况下避险常识	12%
典型事故案例分析	6%
交通事故救护及常见危险化学品处置常识	10%
地方试题	10%
合计	100%

驾考宝典科目一、科目四已收录最新题库，认真做题就可以通过。

7. 拿本

正常在安全文明驾驶常识考试通过后，申领人应接受不少于半小时的交通安全文明驾驶常识和交通事故案例警示教育，并参加领证宣誓仪式。

考试全部合格后，参加驾校培训的学员本人需持身份证到报名场点领取驾驶证，领发驾驶证一般由驾校统一办理，具体情况可以向驾校咨询。

如果有想报名考驾驶证的朋友们，可以按上面的流程在驾校报名！报名后就可以直接打开驾考宝典 App 认真准备科目一、科目四理论题库，以及科目二、科目三考试技巧啦。

八、哪些行为会导致新领驾驶证被吊销

新到手的驾照还没暖热乎就被吊销，是不是犯了下面的错误？

1. 独自上高速

历经千辛万苦拿到的驾照，揣在手里的瞬间就想去开？新手可千万别独自上高速公路开车，必须有同等或比自己级别高的老司机陪伴才可以上路！

2. 驾驶与准驾车型不相符的车型

有什么证做什么事，有什么证开什么车，这点可千万不要忘记！若是 C1 驾驶证，则一般的轿车、SUV、MPV 以及符合上述标准的小型货车、农用车都可以驾驶；若是 C2 驾驶证，则只能驾驶自动档汽车！

3. 实习期分就被扣光

还没转正就违规这么多，那可不是得"回炉重造"啦。没事，牢记交通法规，别因为不熟、心存侥幸就被扣分喔！

第二节　如何正确调整考试心态

一、学车的五大误区让你越练越差

很多学员经常抱怨，明明在驾校加倍练习，反而越练越差！越练越没信心！这究竟是怎么回事？

1. 忽略上车准备

养成良好的驾驶习惯，上车第一件事是调整座椅和后视镜、系好安全带，将座椅调整到刚好够脚将离合器踏板踩到底的位置，将后视镜调整到合适的位置。

千万不要图省事，沿用上一位学员调整的位置，因为由于身高、坐姿的不同，每个人看点都不一样，如果没在上车后养成良好的调整习惯，科目二练好很难。

2. 练车方法不固定

方法变来变去不固定，完全凭运气去蒙都是不可取的。一定要按教练教的点位和操作方法去训练，谨记教练传授的练车方法，不要轻易改变。

3. 盲目多练

一次练得太久，效果不如天天练习好。在练车时要学会思考，并适当缩短练车时间。

4. 注意力不集中

学车越练越差和学员自身注意力不集中、练车不用心有直接关系。练车的时间本身就有限，新规后科目二、科目三的项目要注意的操作点很多，在有限的时间里想要记清并掌握这些操作点需要格外用心听教练的每一次讲解、看教练的每一次示范，不能分心。

5. 急功近利

练车沉不住气、急功近利，这在训练场上也是万万要不得的。一次练得好就觉得自己掌握了，偶然发挥不错就觉得自己不用练了，这是大错特错的心态。

操作最重要的是熟练，不能仅靠偶尔的超常发挥，如果没有百分百的把握，请一定沉下心来认真学。

二、 女学员考科目三紧张到晕倒的原因

面对驾考新规，有的人吐槽，有的人后悔，还有一些人直接被 120 救护车紧急带走，紧张到晕倒，就像下面这位考驾驶证的女学员。

江苏盐城驾考中心，一位女学员考科目三时突然紧张倒地不起，现场人员立即将围观群众疏散开来，用衣服不停帮她扇风来流通空气。只听旁边的人说，没命了快点打急救电话120，还剩一口气了……随后女子被 120 救护车带走。

俗话说心态决定一切，面对"史上最难驾考新规"，调整心态显得尤为重要。那么学员们该怎样缓解紧张的心情呢？

1）考试前，如果很早就起床考试，建议冲一杯咖啡，提神醒脑。把平时训练的每个步骤都在脑子里过一遍，加深印象。

2）如果在冬天，建议穿得暖和一点。因为天冷又紧张，难免会导致身体打哆嗦，从而使自己更加紧张。如果还是发抖，那么就深呼吸，吸气、呼气连续三次，也能缓解等待考试时的紧张心情。

3）多和教练沟通掌握新规要点。新规实施后，很多学员对新内容不够了解，导致挂科。其实新规并不难，难的是你还没掌握要点就上场考试了。

4）跟一同练车的小伙伴相互交流，考试的时候相互鼓励。

5）技术不过硬的需要勤练习。心理压力大，很大程度上是因为技术不过关，只要平时多练习，考试时心里就有底了。

三、 教练眼中的好学员频频挂科的原因

考驾驶证时好学员的标准往往是：善于聆听、按时练车、充满自信、知错能改。

然而驾考圈有个奇怪的死循环，平时训练得越好的学员，考试时可能反而会挂科，这到底是为什么呢？

1. 压力大

平常练得很好，经常被教练和其他学员称赞，往往无形之中就给自己施加了压力，时不时地就会自我暗示"一定要过，不能丢了面子！"

这样的话，在考试时反而会过度紧张，影响正常发挥。

2. 车速快

车练得熟练了，车速自然就会变快，之前有的点位就会看不准，最终导致轧线。

科目二、科目三中很多项目在轧线时都会扣100分，所以车速一定要控制好。

3. 遗忘细节

大家都听说过"老司机的坏习惯比新手要多得多"。确实，车开得好了，许多操作细节就会淡化，比如忘系安全带、灯光打错等，不仅容易扣分，而且安全系数也会下降。

4. 挂错档

很多学员都认为换档很难，在加减档的时候很痛苦！而此时练得好的学员就会觉得这个换档的动作早已熟记于心，于是考试操作时过于不在意，导致没有换到位，或者换错档。

在这里需要提醒各位新手学员，刚开始换档不能快，一定要有节奏。

放平心态，不要紧张，一般越是紧张越容易出错。学车要慢慢来的，谁也不可能立刻就学会，只是有的人领悟快，有的人理解慢罢了。当你紧张时，可以闭上眼睛做几下深呼吸，很有效。

四、驾校学员常把加速踏板当制动踏板

有一种学车经历叫：把加速踏板当制动踏板踩（俗称把油门当刹车）！

在新闻中经常有学员在倒车入库时把墙撞倒，这力度，是不是练过？

2017年11月25日，安徽合肥某驾校训练场内，一名女学员正在场地上练习科目二的倒车入库，突然听见猛踩加速踏板的声音，随后就有"轰"的一声响。女学员将车撞上墙，墙被撞倒了。该事故或是女学员将加速踏板当制动踏板踩所致。

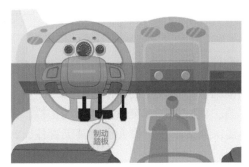 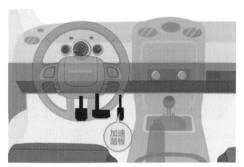

新手开车时容易紧张，脚总是踩在加速踏板上，当紧急情况发生时，往往分不清加速踏板和制动踏板，酿成大错。所以建议大家养成不踩加速踏板时就将脚移到制动踏板上的习惯，即使再紧张也不会发生这种"冲"过去的情况。

很多学员上车就开始紧张，操作出错后往往更加紧张，导致对外界环境不能进行正常判断。其实不管是练习还是考试，都不要过分紧张，练习时即使不会，也可以随时询问身边的教练，越放松越能增加考过的概率。

对于驾考，很多备考学员都会认为：它的紧张程度超过了高考！

很多学员在面临驾考时总会感觉紧张不定，老是担心出什么岔子，可偏偏越是担心不要发生的事情却总会挡也挡不住。

正所谓"三分考技术，七分考心理"，因为心理因素而没发挥出正常水平而导致考试失败的学员不在少数，那么如何克服考试时的紧张情绪呢？

1. 找出紧张的原因

如果仅是因为自己信心不足有心理负担而紧张的话，考前要摒弃杂念，排除干扰情绪，

让大脑处于"空白"状态。

同时采用暗示的方法，转移自己的紧张情绪，比如"我已做好充分准备，不会考坏的""万一没过，就当多练练车，熟练熟练也没什么"等。

2. 平日多与教练交流提升信心

学员经常认为教练对自己太严格了，有时还会冲自己大喊大叫，实在提不起勇气去主动和教练说话，有了问题只能问学员，造成部分操作掌握得囫囵吞枣，缺乏自信。

其实，教练对你严格也是怕你操作失误导致挂科，并不是针对你，当你遇到问题时可及时咨询教练，做到多问多总结，不仅自信心会提升，和教练的关系也会有所改善。

3. 音乐疗法缓解紧张

考前深呼吸，听一段音乐，或许能有一种全身轻松的感觉。在心理学上，音乐疗法的效果与行为、态度、压力改变的关系已得到证实，广泛地被用于压力处理与健康维护中。

当然，最好是听轻音乐或伴奏曲、钢琴曲，别选那些劲爆舞曲或者重金属摇滚，这样可能会适得其反。

4. 平时多练习巧练习

如果是因为技术不过关而造成的紧张，那么只能对你说：你需要多练习了。

多练习不仅是要增加练习次数这么简单，而是要真正脚踏实地地练习，并且在每次练习之后自己总结经验教训，带着问题去练习，并在考前巩固，效果会很好。

掌握这些考试技巧可以让你事半功倍，可以在有限的考试时间内发挥出自己的能力水平。

五、 学员驾训练车出事故，教练员负全责

云南大理有一起在学车时"把加速踏板当制动踏板"而发生的事故。

事故原因很明显，就是因为驾校学员操作不当，驾驶训练车突然撞坏考场护栏，并冲到大约4m高落差的路面上。经交警认定，学员赵某、陈某以及工作人员普某无责任，教练员李某负全部责任。

《道路交通安全法实施条例》第二十条规定，学员在学习驾驶中有道路交通安全违法行为或者造成交通事故的，由教练员承担责任。

所以说，为了驾驶安全，平时教练对你严格，真的不要怪他！学员们学车时一定要做到下面这些：

1. 重视操作细节

新手司机往往由于技术掌握得不扎实而发生各种各样的交通事故，这就要求大家在学习时一定要认真听教练的讲解，并做到活学活用。

2. 别怪教练脾气大

教练员一天要为很多学员进行培训，不仅要想着如何帮你提高通过率，也要为你的安全负责，所以压力很大，偶尔脾气暴躁也属于正常。

3. 不要抱怨考试难

驾考新规一直都在刷新着大家对于驾考的怨念，其实驾考新规的出台不是故意不让大家好过，而是想从源头上减少"马路杀手"。如果在路上驾驶时错把加速踏板当制动踏板，后

果真是不堪设想。

六、　驾考紧张到脚抖的缓解办法

有些人考试时，特别是考科目二、科目三时，特别紧张。比如，脚抖得飞起来，心跳加速，手也抖，甚至耳鸣，不知道自己要干什么。

遇到这样的情况，应该怎么解决？怎么正确缓解自己紧张的情绪？

1. 候场回想考试细节

考前别玩手机，找一个僻静点的地方老实待着，回想一下每个项目的细节。

2. 考前保持清醒

快轮到你的时候，可去洗手间洗把冷水脸，使自己保持清醒状态。

3. 深呼吸做准备

正式准备上车时深呼吸三次，开门上车，利用调整座椅和后视镜的时间深呼吸。感觉心跳速度平稳下来了，系好安全带，出发！

4. 调整心态

记住考试前千万不要想结果怎样，不要心理暗示自己，不然容易遗漏考试细节，只要专注做好每一个项目每一步。大多数挂科的人都是心理因素造成的，要么忘这忘那，要么手脚发抖脑子空白。

正在考试时千万别紧张，紧张容易使你踩离合器踏板不稳，进而导致速度一会儿快一会儿慢，搞不好汽车还会熄火。

七、　与教练相处的方法

一则"教练因劳累过度猝死"的新闻不禁引起了驾考圈的一番思考。

2017年11月1日，福建莆田一位汽车教练在等红绿灯时，因为过于疲劳导致猝死，而这种案例举不胜举……

很多学员经常感慨："驾校教练都一个样，个个脾气暴得很""出了驾校绝对找不到第二个这么会骂人的"……殊不知，他们不是脾气暴，而是一直担心你过不了！

驾校教练这个职业，除了要面对教学中的各种危险外，还要随时进入到高强度的工作中，不仅压力大，健康也得不到保障。所以说学员只有做到听教练的 话，才能互相不添堵，那么怎么与教练正确相处呢？

1. 师生关系

首先，尊师重道是中华民族的优良传统。作为一个驾考教练，和教师一样都渴望被尊重，而不是被直呼其名，或是一直冲着教练说"喂"，亲切地叫一声师傅，可能会给你的学车经历带来意想不到的效果。

2. 遇到脾气差的师傅怎么做？

切记不要因为教练说过的话记恨教练，他说你也是为你好，正所谓"严师出高徒"，严厉只会让你远离扣分，冲向满分。

教练工作是很辛苦的，试想下整天坐在副驾上随时准备为学员踩制动踏板，毕竟学员们的学车天赋是不一样的，有的让教练相当揪心，所以一直都处于精神高度紧张的状态，态度急躁在所难免。

3. 多沟通

学车遇到问题时要及时请教驾校教练，哪里没做好，哪里需要改正，既有利于避免扣分，也能让对方觉得你对这个事情很重视。平时经常与教练交流，学会沟通。你会发现其实教练很好相处。

最后，希望学员与教练能和谐相处，学会理解教练，尽快掌握驾驶技能以减少教练的困扰，没准你还能和教练成为朋友。

第三节　驾驶证常用考试技巧策略

一、年底报名学车拿证快

为什么说年底报名学车年前就能拿本？好处多多，原因都在下面。

1. 省时间

年末正是公司年底冲业绩，学生备战期末考试的时间段，如果恰好这段时间有空不妨赶紧报名学车！这时候教练和教练车资源相对集中，约课方便，一般自己想去的时间都能约得到。

2. 人少练得勤

教练员在这段时间带的人会相对较少，自然能更有针对性地为你服务，在教练的帮助下多练习几次能大大提升考试通过率。

当然不能盲目地练习，要及时与教练员沟通。

3. 省学费

年底各驾校均会出台一些优惠活动，这对广大学车学员是一个报名的好机会，所以在此时报名一般会比平时省一些学费。

4. 天气适宜心态好

冬天练车其实没有那么冷，相反比起夏天的炎热要清爽许多，在学车时能一直有精神。如果实在冷了，还可以开暖风。

二、冬季学车这四件事要注意

在最冷学车季学车，由于一些环境因素的制约，需要注重很多细节。

1. 保暖是前提

冬季练车最要注意的就是保暖。不过虽说穿衣要注意保暖，但不要穿得太笨拙，以免影响练车。

女学员们到冬天喜欢穿雪地靴或过膝靴之类的，由于雪地靴外形较大、笨重厚实，穿雪地靴驾车时，会出现脚底感觉不灵敏的情况。而当右脚快速转换加速踏板和制动踏板时，很容易被卡住。建议可以多带一双简单方便的运动鞋，学车时换上。虽然麻烦点，但这样保暖和安全两不误啊！

2. 热身运动

冬季最容易冻手冻脚，这两个部位不暖和就会影响打转向盘和踩离合器踏板。建议在练车之前做一下热身运动，让自己的脚和手可以灵活运用。

3. 犯困有妙招

过于温暖的车厢是引发困倦的原因之一，学员可以在驾驶一段时间后关掉暖风，打开车窗通通风，冬季的冷风也能够迅速提神，让你保持清醒。

4. 学员少，抓紧机会多练车

冬天学车的人相对少一些，学员正是可以利用这个机会抓紧时间多练几次，如果在春秋季想得到这种机会都是不可能的，再加上新规实施后评判要求有所变化，可以趁机多与教练交流经验。

任何一个季节学车都有它的优势和劣势，冬天学车其实好处多多，想学车的朋友们不妨趁机去学车。

三、 学员练车时间越长越懵的原因

天天坚持到驾校练车，为什么考试还是挂！实际上是你的急于求成正在慢慢毁掉你……学车是动手与动脑结合，看似简单却又复杂，凡事如果只求一个快，往往欲速则不达。

1. 上车前搞清理论常识

即使最初学车，上车前最好自己先把一些理论的知识搞清楚。比如离合器踏板与制动踏板、加速踏板是什么关系，怎么调整座椅，怎么调整后视镜，怎么打转向盘。

有理论支撑，上车就没有那么慌乱。等上车后教练再讲解一遍，马上就能理解运用了。

2. 车上要动手动脑相结合

上车后就需要把理论中的速度、点位、时机和手上操作结合起来。在练的过程中学员也要主动去思考并整理简化。这样即使换了其他车、其他场地，也能得心应手。

大多数学员都只是被动接受，不动脑筋，所以在一开始学基础简单动作都得心应手，一有变化就懵了。

3. 学会不依赖或大胆问教练

平时训练时，教练总是会忍不住提醒你哪里做得对、哪里做得不对，但过度依赖教练，导致各项操作都不能自己完成，总是慢半拍，会与分数失之交臂。

当然，遇到问题不敢问教练也是失分的重要原因。学员们都对教练有一些错误的认识，认为教练太凶、爱骂人，其实遇到问题及时咨询教练是很有必要的。

4. 避免急于求成

磨刀不误砍柴工，急于求成要不得，不要急功近利，应该沉下心思，认真研究学车练车的整个过程，每天比之前有一点点突破和改善就可以成功。

最后，学车中高度紧张，时间长了也会造成视觉和精神的过度疲劳，所以说也不提倡大家盲目多练，而要真正学会用心用脑去练习！

四、 驾考过来人的五点忠告

很多学员在没有拿到驾驶证之前，觉得这是一件十分简单的事，等报了名，开始学，才发现并不简单！

下面就教大家如何完美地与挂科"失之交臂"吧。

1. 学车要有主动性

整天被教练催着的滋味是不是很不好受？那为什么不尝试发挥自己的主观能动性去学习呢？驾校不缺生源，而你却缺一个小"黑本"，不是吗？

2. 老老实实练过关最好

驾考要经过一个"过五关、斩六将"的漫长过程，如果能练过关，一方面能增强自己的信心，另一方面考试中心有一套严格的规定，能不能过，驾校和教练恐怕没有绝对把握。想通过送礼送钱来拿证的，将来是想成为"马路杀手"吗？所以还是老老实实"练"过关最好。

3. 熟能生巧

开车属于一项技能，最关键是要熟练，所谓熟能生巧就是这个道理。凡是之前听到的那些错把加速踏板当制动踏板的新闻，其实就是练的时间不够造成的。当你做的每个动作都不再需要思考，那说明练熟了。

想要把车开得好，需要时间积累，但在这里也要注意，多练是建立在动脑的基础上的，盲目练习只会影响进度。

4. 和教练处好关系

如果你能和那位"暴躁"的教练处好关系，那就厉害了。毕竟教练的精力、时间都有限，每天要指导很多学员，一旦和教练的关系处理好了，你的问题就能及时得到解决，甚至多练几次都是可以的。

5. 即使挂科也要保持平常心

考试不通过是很正常的，毕竟考场与平时练习时的车辆、场地可能都会有所变化，很多因素都会导致挂科。

但是面对不合格，也不能气馁，要把握好补考机会，假如说第一次不过关是因为紧张，不要以为第二次还会紧张，开始考了就知道其实很简单。

总之，考驾驶证这件事一定要慎重对待，选个离你近的驾校，有空就去练吧。

五、 特殊条件下的安全驾驶

科目四中关于"恶劣气象和复杂道路条件下安全驾驶"的试题占试卷的 16%，比例相当高，这就是在时刻提醒驾驶人在复杂的环境下行驶时，一定要注意道路交通安全。那么如何做到安全驾驶呢？

这里盘点了 12 种情况下的驾车要领，掌握这些，科目四这类试题就能全掌握！

1. 雨天驾驶

掌握雨天灯光、刮水器的正确使用方法；掌握雨天行驶路面选择、速度控制方法；掌握雨天跟车、会车、制动和停车的安全驾驶方法。

2. 冰雪道路驾驶

掌握冰雪道路灯光的正确使用方法；掌握冰雪道路行驶路面选择、速度控制方法；掌握冰雪道路跟车、会车、制动、停车的安全驾驶方法。

3. 雾天驾驶

掌握雾天灯光的正确使用方法；掌握雾天行驶路面选择、速度控制方法；掌握雾天跟车、会车、制动、停车的安全驾驶方法。

4. 大风天气驾驶

掌握大风天气灯光的正确使用方法；掌握大风天气行驶路面选择、速度控制方法；掌握大风天气跟车、会车、制动和停车的安全驾驶方法。

5. 泥泞道路驾驶

掌握泥泞道路的路面选择、速度控制、方向控制方法；了解侧滑、驱动轮空转打滑的处置方法。

6. 涉水驾驶

熟悉通过漫水桥、漫水路及其他情况的安全涉水驾驶方法；施工道路驾驶：掌握安全通过施工路段的方法。

7. 通过铁路道口

掌握安全通过铁路道口的方法。

8. 山区道路驾驶

掌握山区道路跟车、超车、会车、停车、坡道和弯道行驶的安全驾驶方法。

9. 通过桥梁

掌握通过立交桥、公路跨线桥、山区跨涧公路大桥及跨江、河、海大桥及简易桥梁的安全驾驶方法。

10. 通过隧道

熟悉通过隧道的明暗适应知识；掌握通过隧道时灯光的使用、速度控制方法及禁止行为。

11. 夜间驾驶

掌握夜间灯光的使用、路面的识别与判断、会车、跟车、超车、让超车、通过交叉路口、通过坡道、通过人行横道、转弯的安全驾驶方法及车辆发生故障时的处置方法。

12. 高速公路驾驶

掌握安全驶入高速公路、加速车道行驶、行车道的选择、行车速度的控制方法；掌握控制高速公路安全跟车距离、变更车道、通过隧道、减速车道行驶、驶出高速公路的方法。

13. 施工道路驾驶

道路施工往往使通行受阻、通行条件变差、行车环境复杂，驾驶车辆行经施工路段时应当及时减速，服从施工人员的指挥，按照指路标志和指示牌绕行。另外，车轮通过较大坑洼或较宽沟槽时，应减速驶入，换低速档通过。

六、 科目二和科目三考试车与教练车不一样怎么办？

很多学员在考试之前除了担心自己的技术问题之外，还有最大的一个担心：考试车万一跟平常练习的教练车不一样怎么办？毕竟我们学驾照的最开始阶段是应试学习阶段，换一辆车可能就不会开，遇到这种情况怎么办？

1. 上车检查离合器踏板

说车不同主要指的是离合不同，这里的不同主要体现在松紧和高低，所以在上车之后检查车内状况时就要快速感受离合器踏板。

2. 易熄火、溜车、轧线

离合不同对考试的影响最大的就是科目二坡道定点停车和起步，稍微踩不好就会熄火溜车，其次就是会影响倒车入库和侧方停车，速度控制不好就很容易轧线导致挂科。

3. 解决办法

解决办法就是在平常的练车过程中对离合的控制做到万无一失，了解透彻，一定要让你控制车，而不是让车控制你。

还有一个办法是现在很多驾校开通自费自愿的项目，可以提前熟悉考试车和考试场，这个项目价格一般不是很贵，可以去试一试。

一般的考试车有两种：捷达和桑塔纳。车型不同往往导致看点不准或换了辆车就不会看点了。要解决这个问题只能在平时练习中，不同车型尽量都练习一下，多跟教练沟通，遇到不同的车型该怎么看点！

最后，最重要的就是考试心态，千万别因为考试车不一样就乱了阵脚。一般考试车都差不多，所以还是在平时的练习中多用心吧！